序 Foreword

秦王朝作为中国历史上第一个大一统的封建王朝，其历史发展影响深远。甘肃陇东地区是中华文明的重要发祥地之一，也是早期秦人生活的主要区域之一，因此在秦文化考古研究中占有重要地位。秦人早期的发展史是一部与西戎不断斗争与融合的历史，他们由陇东地区一路东进，在陕西关中地区发展壮大，并最终逐灭六国，一统天下。为反映秦帝国的发展历程，我院策划了"帝国之路"系列展览。2016年1月7日开展的"帝国之路·陇东记忆——秦文化与西戎文化考古成果展"，就是这个系列展览的首展。

渭河发源于甘肃，流经陕西，因而甘、陕两地的文化也沿着渭河的走向得以衍生、交融、发展和繁荣，可以说两地在地理上山水相连，在文化上一脉相承。两千多年前，秦人在甘肃站稳脚跟，在陕西实现统一六国之梦想；两千多年后的今天，甘、陕两省的考古工作者精诚合作，共同探寻着秦人发展历程中一个个坚实的脚印。此次展览是在"早期秦文化联合考古队"十多年考古和研究成果的基础上，集合了甘肃省文物考古研究所、甘肃秦文化博物馆、陕西省考古研究院、张家川回族自治县博物馆、甘肃省博物馆5家文博单位的128组共308件展品而举办的。展览向观众呈现了秦族与西戎在不同的历史时期实力强弱转化的关系，阐述了秦人由弱及强，从创业西垂到称霸西戎的历史过程，揭示了早期秦人面对艰难的生存条件和复杂的社会环境所表现出的顽强的奋斗精神。

秦人塑造的大秦精神，展示了一个伟大民族坚韧不拔、锐意进取的力量，体现了中国传统文化经久不衰的顽强生命力！这种精神对于我们今天加快实现中华民族伟大复兴的中国梦仍然具有非常重要的现实意义。

在这里，衷心地感谢甘肃省文物局、陕西省文物局给予我们的大力支持，感谢5家文博单位为我们提供了精美的展品！感谢不畏辛苦、默默奉献的考古工作者们！感谢在展览实施和图录编撰过程中付出艰辛努力的所有工作人员！感谢长期以来支持秦始皇帝陵博物院各项事业发展的各位领导和朋友们！

侯宁彬

2015年7月

帝国之路

The Road to Empire: Longdong Memories
Archaeological Achievements of Qin Culture and Xirong Culture

秦文化与西戎文化考古成果展

陇东记忆

秦始皇帝陵博物院 编

侯宁彬 主编

西北大学出版社

《帝国之路·陇东记忆：秦文化与西戎文化考古成果展》编委会

（以姓氏笔画为序）
王 刚　王 辉　王润录　田 静　全永庆　孙志平
张 岩　武天新　俄 军　侯宁彬　侯宏庆　郭向东

主　　编　侯宁彬
副 主 编　张 岩　郭向东　王 辉
撰　　文　序：侯宁彬
　　　　　　正 文：张 宁
　　　　　　说 明：谢 焱
　　　　　　论 文：史党社
审　　稿　张天恩　梁 云
图　　片　谢 焱　宋 朝　李钦宇　夏居宪　张 升　赵 震
翻　　译　陈昱洁
审　　译　孙 岩
执行编辑　张 宁
图片编辑　赵 震
校　　对　邵文斌　张 宁　叶 晔　丁 颢　彭欣悦
　　　　　　陈昱洁（英文）

展览组织与实施

总 策 划　侯宁彬　曹 玮
项目总监　张 岩
项目负责　彭 文
内容设计　张 宁
形式设计　张 升
审　　稿　史党社　赵化成
翻　　译　陈昱洁
审　　译　孙 岩
展览组织　赵 昆　马生涛　郑 宁　等

目录 Content

- 001 序　侯宁彬
- 001 引　言

第壹部分　追根·溯源

- 004 ◇ 壹　秦人之源
- 008 ◇ 贰　西戎诸族

第贰部分　西迁·强敌

- 014 ◇ 壹　牧马西垂
- 024 ◇ 贰　生存之战

第叁部分　立国·对峙

- 036 ◇ 壹　立国之初
- 082 ◇ 贰　对峙征伐

第肆部分　称霸·融合

- 100 ◇ 壹　称霸西戎
- 116 ◇ 贰　融合并存

- 150 参考文献
- 156 展厅效果
- 160 秦与"戎狄"的关系　史党社
- 176 后　记

The legend of "Nüxiu swallowing the egg" is an early recording of the Qin in Chinese transmitted texts. The Qin was loyal to the Shang Zhou King. After the Zhou defeated the Shang, the King relocated them to present day eastern Gansu Province. In this land the Qin absorbed the culture from the Zhou and the Western Rong and grew gradually into a strong power. They transformed themselves from the herdsman to dependents and to court officials the "Xichui daifu" of the Zhou court. In 770 BC, the Qin became one of the regional states of the Zhou due to their assistances of Zhou Ping's King relocation to the eastern capital. The Qin initiated their military campaigns against the regional states in the east and annexed them all and established a first unified and centralized empire in the Chinese history.

This powerful empire left countless legacies to us today, to name a few, the Great Wall meandering thousands of miles in north China, the eight thousand terra-cotta warriors, and a huge mausoleum. In the headstream of Qin empire—Longdong, what are the experiences of the early Qin people unknown to us? Let's explore the memory in Longdong of this powerful empire with the "Early Qin Culture Research Team" …

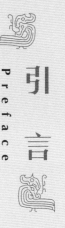

引言 Preface

史家以"女脩吞卵"的神话传说使秦人的身影见诸史书。商周时期，秦祖因效忠殷纣而被周人迁至今陇东地区。在这里，秦人以宽广的胸怀、开放的意识，传承、融合了周围部族的文化因素，在周人与西戎的夹缝之间砥砺前行。由牧马人成长为附庸，由大夫上升为西垂大夫，终于，在公元前770年秦人因助周平王东迁而立国，跻身于诸侯之列，最终以气吞山河之势，横扫东方六国，建立起中国历史上第一个大一统的中央集权的封建帝国。

这个强大帝国给今天的我们留下了无数珍贵的遗产，有绵延万里的长城，有八千气宇轩昂的勇士，以及那令人无限遐想的巨大帝陵……可是，在秦帝国的发祥地陇东，秦人有过怎样不为人知的经历？现在，就请跟随我们，携手"早期秦文化课题组"，一同去探寻这个强大帝国在陇东的记忆……

第壹部分 追根·溯源
Tracing Back to Source

作为中国历史上的重要部族，秦族与西戎的历史源远流长。

关于秦人的起源，《史记·秦本纪》是这样记载的："秦之先，帝颛顼之苗裔，孙曰女脩。女脩织，玄鸟陨卵，女脩吞之，生子大业。"大业就是秦人的始祖。有学者认为，这个部族以玄鸟为图腾，擅长调驯鸟兽、养马御车。

东周以降，中原族群自称"华夏"，把"华夏"周围四方的其他族群分别称为东夷、南蛮、西戎、北狄。西戎便是对西部族群的统称。西戎的历史悠久，与"华夏"一样，它很早就活动在中国的历史舞台上。

The Qin has close connections with the "West Rong" in the Chinese history. The "Qin Chapter" in *Shiji* records the origin of the group. It is said that Nüxiu, the daughter of the legendary king Zhuanxu, is good at weaving. She swallows an egg of a mythical black bird and gives birth to a son named Daye. Daye is the ancestor of the Qin. The mythical black bird becomes the totem of the Qin. The Qin are good at training birds, animals, raising horses and driving chariots.

The term "West Rong" first appeared in the Zhou Dynasty. The Zhou claimed to be Huaxia, and the people surrounding them as Dongyi (the Eastern Yi), Nanman (the Southern Man), "West Rong" (the West Rong) and Beidi (the Northern Di). "West Rong" is a name given to the western tribes and they were active in the Chinese history like the Huaxia from early times.

壹 秦人之源
The Origin of the Qin

秦人、秦文化的来源一直是一个未解之谜。在史学界一直有着两种说法：一种认为秦人起源于东方，然后由东向西迁到今天的甘肃省东部，再由西向东发展，进而统一中国，即"东来说"；另一种认为秦人起源于西方，与西戎有着密切的关系，或许就是西戎的一支，即"西来说"。在史学界，"东来说"的观点逐渐占据主流，近年的考古发掘工作和最新的文献资料都表明秦人很可能起源于东方。

The origin of the Qin people and their culture is still a mystery. There are two hypotheses. One theory believes the Qin originated in the east and they moved to the west to present day of eastern Gansu Province. The other theory proposed the Qin originated in the west and was a branch of the West Rong. The "eastern origin" theory gradually becomes a dominant view in historical studies. It is also supported by archaeological materials in recent years.

鸷鸟形金饰片（2件）

春秋早期（公元前770年—公元前678年）
应为甘肃省礼县大堡子山秦公陵园遗址出土
高45.8厘米 | 宽26.1厘米 | 重860克
高42.7厘米 | 宽34.3厘米 | 重740克
原藏法国吉美亚洲艺术博物馆
现藏甘肃省博物馆

金饰片造型为鸷鸟，钩喙，环目，突胸，屈爪。周身满饰不规则的勾云纹，周沿较均匀地分布有钉孔。这对鸷鸟形金饰片应为大堡子山秦公陵园出土。嬴秦是以鸟为图腾的部族。在秦人的第一陵园——西垂陵园发现的体型巨大、数量众多的鸷鸟形金饰片，也许正是秦人对图腾崇拜的体现。

Zhi-bird-shaped Gold Pieces

Early Spring and Autumn Period (770 BC-678 BC)
Maybe Excavated from Dabuzi Mountain Site,
Li County, Gansu Province
Height 45.8 cm | Width 26.1 cm | Weight 860 g
Height 42.7 cm | Width 34.3 cm | Weight 740 g
Originally Collection of Guimet Museum of Asian Art of France
Now Collection of Gansu Provincial Museum

秦景公石磬

春秋晚期（公元前576年—公元前476年）
陕西省凤翔县南指挥村秦公一号大墓出土
高6.0厘米 | 宽16.0厘米
秦始皇帝陵博物院藏

1976年，考古工作者对陕西省凤翔县南指挥村的一号大墓进行了发掘。经清理，共发现30多件石磬，据推测有3套。石磬上共有铭文26条、206个字，字体为大篆。考古工作者根据石磬上的文字推断一号大墓的主人是秦景公。石磬中铭文最多的一件，共有37个字，其中有铭文"高阳有灵"4字。"高阳"是颛顼的号，而颛顼是黄帝之孙，为"五帝"之一。这与《史记》的记载一致，证明了秦人乃华夏后裔。

Chime Stone

Late Spring and Autumn Period (576 BC–476 BC)
Excavated from Tomb No.1 of Duke Jing of Qin at South Zhihui
Village, Fengxiang County, Shaanxi Province
Height 6.0 cm | Width 16.0 cm
Collection of Emperor Qinshihuang's Mausoleum Site Museum

贰 西戎诸族
The Multiple Tribes within the West Rong

西戎作为西北土著部族，主要生活在陕西西部、甘肃、宁夏、青海东部等地。西戎族系庞大、复杂，在不同时期其称谓不同，其中的部分戎族与炎帝、黄帝有着渊源关系，与秦人的关系也非常密切。据《史记》记载，西戎有名的支系有犬戎、绵诸戎、翟戎、獂戎、义渠之戎、大荔之戎、乌氏之戎、朐衍之戎。

West Rong is a large entity consisting of multiple tribes. These tribes are given different names in different periods in Chinese transmitted texts. Even within the same time, the names are different. Some tribes derive from the legendary Yandi and Huangdi. The *Shiji* records that multiple Rong tribes include the Quan Rong, Mianzhu Rong, Di Rong, Gun Rong, Yiqu Rong, Dali Rong, Wushi Rong, and Quyan Rong.

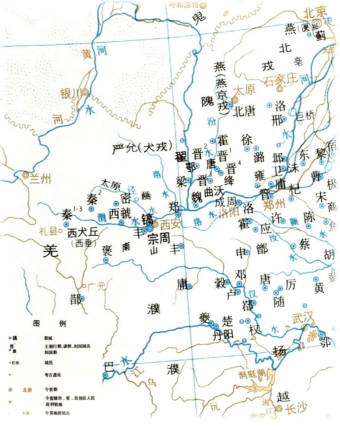

西周时期西戎与秦、周位置关系图

犬戎——西戎族群中实力最强大的一支。从族源看,犬戎与"华夏"关系密切。据《山海经》记载:"黄帝生苗龙,苗龙生融吾,融吾生弄明,弄明生白犬,白犬有牝牡,是为犬戎。"周穆王时,犬戎的势力逐渐强大,与周朝时有冲突。公元前842年,犬戎灭掉秦人在西垂地区的大骆一族。公元前771年,犬戎入侵周地,杀周幽王于骊山下,西周灭亡。

Quan Rong is the most powerful among all West Rong tribes. They use the white dog as the totem. The Shanhaijing records a close connection between the Quan Rong and Huaxia. It is said that the legendary emperor Huangdi gives birth to son Miaolong has a son named Rongwu. Rongwu gives birth to Nongming, and Nongming gives birth to Baiquan, the white dog. Baiquan is androgynous and called Quan Rong. During the reign of Zhou King Mu, Quan Rong became powerful and started to confront the Zhou. In 842 BC, Quan Rong defeated the Daluo in Xichui areas. In 771 BC, they invaded the Zhou capital and killed King You at the foothill of the Li Mountain which caused the downfall of the Western Zhou.

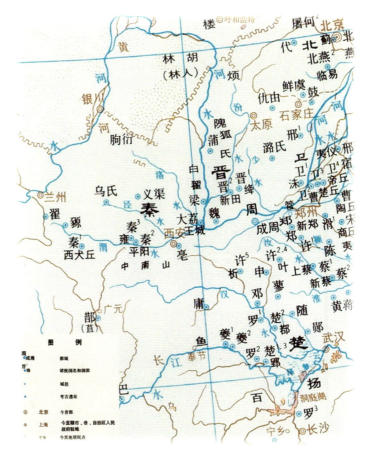

春秋时期西戎与秦、周位置关系图

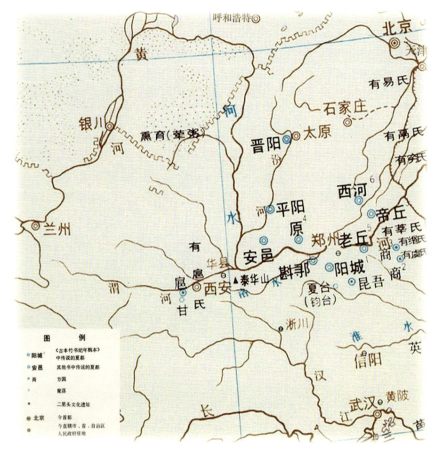

夏时期西戎与夏位置关系图

绵诸戎——西戎族群中重要的一支,主要活动于今甘肃东部的清水、天水一带。绵诸戎与秦几乎同时兴起,又长期杂处。秦穆公"霸西戎",就包括对绵诸戎的征服。此后绵诸戎与秦时战时服,到秦孝公时,绵诸戎已经完全臣服于秦。

Mianzhu Rong is another powerful branch of the Wese Rong. It originated during the Xia and Shang periods and founded a regional state during the Zhou time. The group was primarily active in today's Qingshui and Tianshui areas, that is, east of Gansu. The Mianzhu Rong and Qin rose simultaneously and settled in the same region for a long period of time. During Duke Mu's time, You Yu, the ambassador of the Mianzhu state defected to the Qin. With the help of You Yu, the Qin defeated Mianzhu Rong and forced them to surrender.

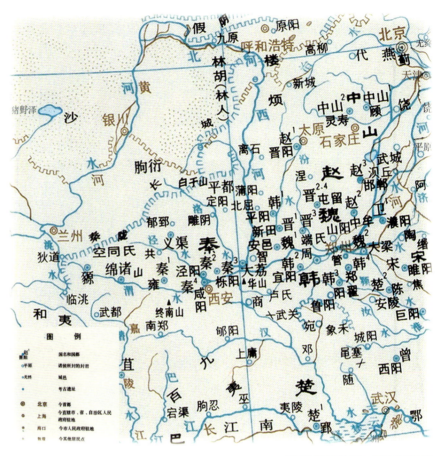

战国时期西戎与秦、周位置关系图

义渠之戎——西戎族群中重要的一支。春秋时期，义渠之戎已立国，实力强大，成为当时秦国称霸西戎的主要对手之一。秦穆公时，义渠之戎臣服秦国。秦昭王时期，秦国宣太后诱杀义渠王于甘泉，并出兵灭义渠国。

Yiqu Rong is a powerful branch of the West Rong. They were active in present day Gansu and Shaanxi during the transition of the Shang and Zhou dynasties around 11th c. BC. During the Spring and Autumn Period, Yiqu Rong established a state and became a powerful contender of the Qin in the west. Yiqu Rong surrendered to the Qin during the reign of Duke Mu. The Yiqu state was annihilated by the Qin and their king was trapped and killed by Empress Xuan at the Ganquan Palace during the reign of Duke Zhao.

（以上历史地图出自谭其骧：《中国历史地图集 第一册：原始社会、夏、商、西周、春秋、战国时期》，北京：中国地图出版社，1996年。）

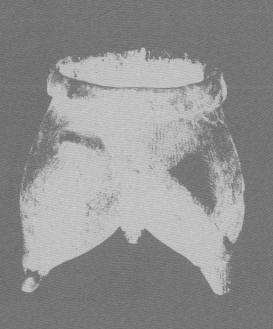

第贰部分

西迁·强敌
Herding the Horses in Xichui

　　秦族与戎族都是中华民族的早期族群。为了各自的生存、发展，两个族群沿着自己的轨迹迁徙着、探索着、传承着……大约在商周之际，两个族群在中国的西北部（今甘肃省东部地区）相遇。出于生存的需要，为了争夺土地和资源，两个族群展开了几百年的争斗。在实力较量的同时，两个风格迥异的族群在文化方面也发生着潜移默化的交流与融合。

The Qin and Rong are members of early Chinese. At the turn of the Shang and Zhou period, the two groups interacted in northwestern China (eastern Guansu) competing for land and resources. The confrontation between the two groups lasted about a few hundred years. During this time, exchange and integration took place between these two distinctive cultures.

壹 西戎诸族
The Multiple Tribes within the West Rong

相传秦人祖先因与大禹一起治水有功,被赐"嬴"姓。在夏商时期,秦祖已经显赫。到西周初年,秦人因效忠商王朝而与周武王为敌,被迫迁至今甘肃省东部地区。

甘肃省的西汉水上游古称西垂。西周中期,秦人在西垂经营畜牧业而卓有成就,尤以驯养马最为成功。马是中国古代重要的交通和作战工具,也是王公贵族身份和地位的象征。因此,善于养马的秦人得到周孝王的赏识,首领非子及其族再次被赐"嬴"姓,成为周王朝的附庸。从此,秦人开始走向兴盛之路。

The Qin was granted a surname "Ying" due to their participation in the control of the flood by Yu. During the Xia and Shang period, the Qin rose to power. Their allegiance to the Shang was not tolerated by Zhou Wu King who revoked the surname of the Qin and confiscated their land. The Qin was relocated to the northwest in present today eastern Gansu.

The upstream of the western Han River in Gansu was known as Xichui, the Western Border in ancient times. The Qin was known for their great skills for stock breeding especially raising horses during the mid-Western Zhou period. Horses had a unique status in ancient China. They were indispensable vehicles for transportation and draughting animals for war chariots. They were also status symbols of the nobility. Zhou King Xiao (892 BC–886 BC) valued the skill of the Qin people and reestablished the surname Ying for Qin leader Feizi. Since then the Qin became a dependent of the Zhou and started their journey for revival.

最早秦墓

早期秦人生活在哪里？他们留下了哪些遗迹？这些是长期困扰学术界的问题。经过考古工作者多年的调查，在甘肃省清水县发现了李崖遗址。李崖遗址位于今清水县城北侧樊河与牛头河交汇处的樊河西岸的台地上，总面积在100万平方米以上，文化层深厚，遗存十分丰富。考古工作者在2009年、2010年、2011年先后对李崖遗址进行了3次发掘和钻探工作，共发现200多座灰坑和60多座竖穴土坑墓，其中的10多座应为秦墓。秦墓中的随葬品主要是陶器，随葬陶器最多的有26件，一般为5~10件，多为鬲、簋、盆、罐组合，仅在M22发现1件铜戈。李崖遗址秦墓是西周早中期之际的秦人墓葬，也是迄今为止所发现的最早的秦文化遗存。

李崖遗址面积大、遗存丰富，其中周代墓葬和灰坑的年代集中在西周，很少见春秋时期的遗迹，表明李崖遗址的繁荣期应在西周，进入东周后则很快被废弃。这与非子至秦仲四代居秦邑，至庄公迁徙到西犬丘的文献记载大致吻合，因此李崖遗址或有可能与秦先祖非子封地"秦邑"有关。

The Earliest Qin Tombs

Where were the Qin in early times? What did they leave for us today? These are questions that have puzzled academics for a long period of time. The Liya site in Qingshui County covers an area of 1,000,000 square meters and yields rich material remains. Archaeological survey of the site has revealed two hundred ash pits and sixty Qin tombs. Burial offerings include primarily ceramic pots in the assemblage of li, gui, basin and guan. These tombs are the earliest remains of Qin culture that so far have been discovered.

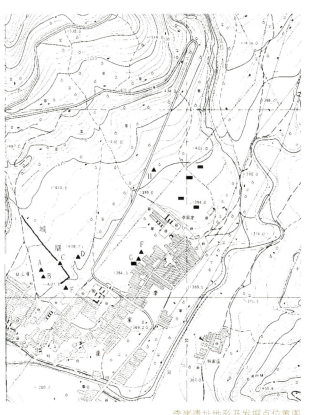

李崖遗址地形及发掘点位置图

李崖遗址发掘现场

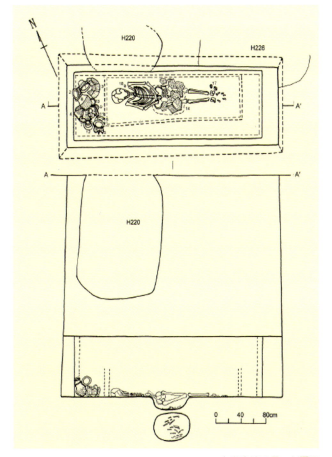

李崖遗址M5平、剖面图

陶簋

西周中期（公元前922年—公元前878年）
甘肃省清水县李崖遗址M5出土
口径22.6厘米｜腹径19.4厘米｜底径12.8厘米｜高16.3厘米
甘肃省文物考古研究所藏

泥质灰陶。沿微卷，三角圆唇，敞口，颈腹之间微折，鼓腹，圜底，圈足。腹部饰交错绳纹。

Pottery *Gui*

Mid-Western Zhou Dynasty (922 BC–878 BC)
Excavated from M5, Liya Site, Qingshui County, Gansu Province
Diameter at Mouth 22.6 cm ｜ Diameter at Belly 19.4 cm
Diameter at Bottom 12.8 cm ｜ Height 16.3 cm
Collection of Gansu Provincial Institute of Archaeology

陶鬲

西周中期（公元前922年—公元前878年）
甘肃省清水县李崖遗址M5出土
口径15.2厘米｜腹径17.1厘米｜高17.5厘米
甘肃省文物考古研究所藏

夹砂灰陶。方唇，折沿，弧腹，连裆，锥足。通体饰粗绳纹。

Pottery *Li* Tripod

Mid-Western Zhou Dynasty (922 BC–878 BC)
Excavated from M5, Liya Site, Qingshui County,
Gansu Province
Diameter at Mouth 15.2 cm ｜ Diameter at Belly 17.1 cm
Height 17.5 cm
Collection of Gansu Provincial Institute of Archaeology

陶罐

西周中期（公元前922年—公元前878年）
甘肃省清水县李崖遗址M5出土
口径9.9厘米｜腹径15.1厘米｜底径8.0厘米｜高11.8厘米
甘肃省文物考古研究所藏

泥质灰陶。厚圆唇，卷沿，束颈，广圆肩，斜弧腹，平底。肩部饰2周弦纹，器壁抹光。

Pottery Guan

Mid-Western Zhou Dynasty (922 BC–878 BC)
Excavated from M5, Liya Site, Qingshui County, Gansu Province
Diameter at Mouth 9.9 cm | Diameter at Belly 15.1 cm
Diameter at Bottom 8.0 cm | Height 11.8 cm
Collection of Gansu Provincial Institute of Archaeology

陶盆

西周中期（公元前922年—公元前878年）
甘肃省清水县李崖遗址M5出土
口径33.2厘米｜腹径29.0厘米｜底径10.8厘米｜高23.2厘米
甘肃省文物考古研究所藏

泥质灰陶。厚圆唇，敞口内敛，折沿，深弧腹，平底内凹。沿下抹光，腹部和底部饰交错绳纹。

Pottery Basin

Mid-Western Zhou Dynasty (922 BC–878 BC)
Excavated from M5, Liya Site, Qingshui County,
Gansu Province
Diameter at Mouth 33.2 cm | Diameter at Belly 29.0 cm
Diameter at Bottom 10.8 cm | Height 23.2 cm
Collection of Gansu Provincial Institute of Archaeology

青铜戈

西周中期（公元前922年—公元前878年）
甘肃省清水县李崖遗址M22出土
通长21.8厘米 | 阑长9.0厘米 | 内长5.2厘米 | 内宽2.8厘米
甘肃省文物考古研究所藏

两边出刃，长弧援，短胡，阑侧中段有1个长穿，长方形直内。

Bronze *Ge* Dagger Axe

Mid-Western Zhou Dynasty (922 BC–878 BC)
Excavated from M22, Liya Site, Qingshui County, Gansu Province
Full Length 21.8 cm | Length of the Rod 9.0 cm
Length of the Tang 5.2 cm | Width of the Tang 2.8 cm
Collection of Gansu Provincial Institute of Archaeology

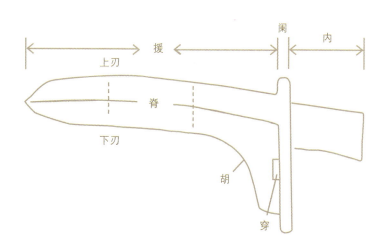

青铜戈各部分称谓
（罗西章，罗芳贤：《古文物称谓图典》，西安：三秦出版社，2009年。）

殷商遗风

在李崖遗址发现的秦墓均为竖穴土坑墓（东西方向），也都为直肢葬、头向西、带腰坑殉狗，这与2005年发掘的礼县西山西周晚期铜礼器墓及陕甘地区发掘的秦高等级贵族墓的葬俗完全一致。值得注意的是，随葬品中有相当一部分陶器具有显著的商式风格，如方唇分裆陶鬲、带三角纹的陶簋等，再加上直肢葬、腰坑殉狗等商文化因素的葬俗，有力地说明了秦人先祖与商王朝关系密切。在秦人墓葬中，高等级贵族普遍使用直肢葬，普通民众则使用屈肢葬。虽然李崖遗址秦墓规模较小、随葬品多为陶器，但因其埋藏年代较早、葬俗独特，考古工作者推测其墓主人应该是秦人的核心宗族成员。

The Remnants of the Yin Shang Culture

In Qin tombs at Liya, archaeologists identified li and gui pots typical of the Shang culture. Prominent Shang burial customs also include supine postures of the deceased and a dog sacrifice in the waist pit. These characteristics demonstrate the strong connections between the ancestors of the Qin and the Shang in the late 2nd millennium BC. The supine posture was widely used among high elites of the Qin. For the deceased of lower status, flexed posture was adopted. Archaeologists believed that the Liya tombs belonged to lineage members of the Qin in early times due to the modest scale of the burial pit and tomb offerings.

陶簋

西周中期（公元前922年—公元前878年）
甘肃省清水县李崖遗址M23出土
口径18.5厘米 | 腹径15.4厘米 | 底径10.2厘米 | 高14.0厘米
甘肃省文物考古研究所藏

夹砂灰陶。厚圆唇，敞口，卷沿，折肩，浅鼓腹，高圈足。肩部有轮痕，上腹部有1周弦纹，下饰粗绳纹，圈足素面。

Pottery *Gui* Tureen

Mid-Western Zhou Dynasty (922 BC–878 BC)
Excavated from M23, Liya Site, Qingshui County, Gansu Province
Diameter at Mouth 18.5 cm | Diameter at Belly 15.4 cm
Diameter at Bottom 10.2 cm | Height 14.0 cm
Collection of Gansu Provincial Institute of Archaeology

陶鬲

西周中期（公元前922年—公元前878年）
甘肃省清水县李崖遗址M23出土
口径11.0厘米 | 颈径10.9厘米 | 高13.8厘米
甘肃省文物考古研究所藏

夹砂红褐陶。直口，叠唇，微鼓腹，分裆，袋足，锥足跟，肩部附加对称双鋬。腹部一侧有附加堆纹，唇下饰1周刻画纹，颈以下饰绳纹。

Pottery *Li* Tripod

Mid-Western Zhou Dynasty (922 BC–878 BC)
Excavated from M23, Liya Site, Qingshui County, Gansu Province
Diameter at Mouth 11.0 cm | Diameter at Neck 10.9 cm
Height 13.8 cm
Collection of Gansu Provincial Institute of Archaeology

陶罐

西周中期（公元前922年—公元前878年）
甘肃省清水县李崖遗址M23出土
口径17.8厘米 ｜ 颈径14.1厘米 ｜ 底径11.6厘米 ｜ 高32.0厘米
甘肃省文物考古研究所藏

泥质灰陶。厚圆唇，侈口，矮领，束颈折肩，肩部有对称双耳，鼓腹内收，平底。通体饰绳纹，领下至肩部饰6道凹弦纹，有抹痕。

Pottery *Guan*

Mid-Western Zhou Dynasty (922 BC–878 BC)
Excavated from M23, Liya Site, Qingshui County, Gansu Province
Diameter at Mouth 17.8 cm ｜ Diameter at Neck 14.1 cm
Diameter at Bottom 11.6 cm ｜ Height 32.0 cm
Collection of Gansu Provincial Institute of Archaeology

陶簋

西周中期（公元前922年—公元前878年）
甘肃省清水县李崖遗址M23出土
口径14.4厘米 | 腹径14.2厘米 | 高12.9厘米
甘肃省文物考古研究所藏

泥质灰陶。仿铜陶礼器。钵形盖，圆顶式捉手，簋身侈口卷沿，鼓腹，圈足，腹部两侧有对称的环形耳。素面。

Pottery *Gui* Tureen

Mid-Western Zhou Dynasty (922 BC–878 BC)
Excavated from M23, Liya Site, Qingshui County, Gansu Province
Diameter at Mouth 14.4 cm | Diameter at Belly 14.2 cm
Height 12.9 cm
Collection of Gansu Provincial Institute of Archaeology

贰 生存之战
Battle for Survival

早期秦人落脚的甘肃省西汉水流域，也是西戎的聚居地。考古调查表明，西汉水上游有着丰富的西戎文化遗存和数量众多的早期秦文化遗存。两种文化的遗存在同一区域、同一时间被大量发现，可以说明秦人与西戎部族为了繁衍生息，曾在这里展开过惨烈的生存之战。文献资料也证实了这一点。西周中晚期，秦人与西戎发生过多次战争，西戎一度灭了秦人大骆一族，秦人的多个首领也死在与西戎的战争之中。后来，在周王朝的帮助下，秦人才收复失地，逐渐在此地站稳脚跟。

The Western Han River in Gansu is the place where the Qin people settled down. It is also the place where the Western Rong lived. Archaeological surveys indicate that there are rich Siwa and Qin cultural remains in the upper Western Han River. The co-existence of the two cultures in a single region during the same time period suggests confrontations between the two groups are unavoidable. Historical texts testify this situation. There were fierce conflicts between the Qin and Western Rong during the middle and late Western Zhou Period. The Western Rong annihilated the Daluo lineage of the Qin. A number of Qin leaders were also killed during the war with the Western Rong. The Qin gradually regained their lost land with the support of the Zhou royal court.

周时西戎

据史书记载，在陇山东西两侧生活着众多的西戎部族，西戎在两周的历史上占有重要的地位。20世纪30年代，苏秉琦先生发掘了宝鸡斗鸡台遗址，清理了104座两周时期的墓葬，其中的4座墓葬出土了铲足鬲。苏秉琦先生认为，此类铲足鬲应与周秦式陶鬲加以区别，可能与洮河流域的寺洼文化存在一定的关系。此说成为对西戎文化的考古学辨识的起点。之后，在甘谷毛家坪、清水李崖遗址的发掘中出土了一批与西戎有关的陶器，这些陶器或单独埋藏于墓葬中，或与周秦陶器共存于同一墓葬中。21世纪以来，随着考古学技术的进步、研究的深入、视野的扩大，在甘肃、陕西两地进行的与西戎相关的考古工作也有了较大突破，发现和发掘了多处西戎墓地，主要有：清水刘坪墓地、张家川马家塬墓地、秦安王洼墓地、漳县墩坪墓地、张家川高崖墓地、黄陵寨头河墓地、张家川长沟墓地、张家川坪桃塬墓地、漳县吴家门墓地、漳县张家岭墓地等。

Western Rong in the Zhou Dynasty

According to historical records, a lot of Western Rong tribes live in east and west of Long Mountain, the West Rong plays an important position in the history of the Western and Eastern Zhou periods. Professor Su Bingqi excavated Doujitai Site of Baoji City in the 1930s of the 20th century. He excavated and cleared 104 tombs of the Western and Eastern Zhou periods in Doujitai Site of Baoji City, and some pieces of spade-foot-Li are unearthed from 4 of the 104 tombs. Professor Su Bingqi believes this type of spade-foot-Li is distinct from Li in Zhou and Qin periods, maybe there is a certain relationship between Doujitai culture and Siwa culture along Taohe River. It becomes an archaeological starting point of the Western Rong culture. Later, a number of pottery associated with the Western Rong unearthed from Mao jiaping site of GanGu and Liya site of Qingshui, the pottery or individual found in tombs, or coexist with pottery of Zhou and Qin dynasties in the same tomb. Since the 21st century, with advance in archaeological technology, deeply research, expansion of visual field, archaeological work associates with Western Rong in Shaanxi Province and Gansu Province has made great improvements, and a number of tombs of Western Rong are discovered and excavated, such as Liuping cemetery, Majiayuan cemetery in Zhang jiachuan, and Wangwa cemetery in Qin'an, Dunping cemetery in Zhang County, Gaoya cemetery in Zhangjiachuan, Zhaitouhe cemetery in Huangling, Changgou cemetery in Zhangjiachuan, Taoyuan cemetery in Zhangjiachuan, Wujiamen cemetery in Zhang County, Zhangjialing cemetery in Zhang County.

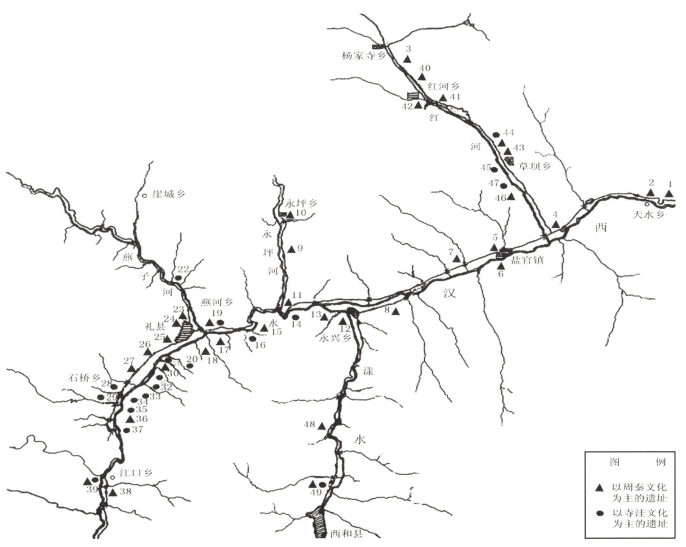

西汉水上游早期秦文化与西戎文化遗存调查分布图

试想使用着两类不同考古学文化的人群（秦族与西戎族），同时居住在一条河谷的南北，将会出现一种什么样的生活场景呢？当然不难想象这是一种对峙状的分布，或彼此进退，杀伐之声盈耳；或鸡犬之声相闻，而互不来往；或平和相处，互通有无。（摘引自张天恩：《甘肃礼县秦文化调查的一些认识》，载《考古与文物》2004年第6期。）

马鞍口罐

西周（公元前1046年—公元前771年）
甘肃省礼县出土
口径12.0厘米 ｜ 底径8.6厘米 ｜ 高22.0厘米
甘肃秦文化博物馆藏

泥质灰褐陶。马鞍形敞口，口部平面呈椭圆形，尖圆唇，口沿至腹部有双耳，束长颈，鼓肩，下腹斜收，小平底，口径与腹径约等，耳面略外鼓。通体抹光。

寺洼文化最早发现于甘肃省洮河流域的临洮县寺洼山。寺洼文化的典型器物是马鞍口罐。马鞍口罐口部两端上翘、中间下凹，形如马鞍，故而得名。

Pottery *Guan* with Saddle-shaped Mouth

Western Zhou Dynasty (1046 BC–771 BC)
Excavated from Li County, Gansu Province
Diameter at Mouth 12.0 cm ｜ Diameter at Bottom 8.6 cm
Height 22.0 cm
Collection of Museum of Qin Culture in Li County of Gansu Province

马鞍口单耳罐

西周（公元前1046年—公元前771年）
甘肃省礼县出土
口径8.2厘米 | 腹径10.5厘米 | 底径6.4厘米 | 高12.4厘米
甘肃秦文化博物馆藏

泥质红褐陶。侈口，厚圆唇；一侧有耳，耳沿高于罐口，下凹成马鞍形，耳下接于肩部，耳面平滑外鼓；束颈，鼓腹，腹下斜收，小平底。素面，通体抹光，有烟炱。

Pottery *Guan* with Single Ear

Western Zhou Dynasty (1046 BC–771 BC)
Excavated from Li County, Gansu Province
Diameter at Mouth 8.2 cm | Diameter at Belly 10.5 cm
Diameter at Bottom 6.4 cm | Height 12.4 cm
Collection of Museum of Qin Culture in Li County of Gansu Province

双耳罐

西周（公元前1046年—公元前771年）
甘肃省礼县出土
口径11.0厘米 | 底径9.5厘米 | 高12.8厘米
甘肃秦文化博物馆藏

夹砂红褐陶。马鞍形敞口，口部平面近圆形，方唇，口沿与肩部有双耳，束颈，圆鼓腹，平底，口径小于腹径，耳面平滑微鼓。饰重折线纹，两耳间刻画曲弦纹，弦中部贴塑2个小圆饼。

Pottery *Guan* with Double Ears

Western Zhou Dynasty (1046 BC–771 BC)
Excavated from Li County, Gansu Province
Diameter at Mouth 11.0 cm | Diameter at Bottom 9.5 cm | Height 12.8 cm
Collection of Museum of Qin Culture in Li County of Gansu Province

陶鬲

西周（公元前1046年—公元前771年）
甘肃省礼县出土
口径10.8厘米 | 高13.2厘米
甘肃秦文化博物馆藏

夹砂红褐陶。厚圆唇，侈口，沿面不太平整，领部收束，鼓腹，分裆较低，袋足，足底略平。两耳间刻画弦纹1周，弦上压印2个圆点纹。

Pottery *Li* Tripod

Western Zhou Dynasty (1046 BC–771 BC)
Excavated from Li County, Gansu Province
Diameter at Mouth 10.8 cm | Height 13.2 cm
Collection of Museum of Qin Culture in Li County of Gansu Province

陶豆

西周（公元前1046年—公元前771年）
甘肃省礼县出土
口径17.8厘米 | 底径9.5厘米 | 高18.5厘米
甘肃秦文化博物馆藏

泥质褐陶。盂形盘，圆唇，折沿微侈，束颈，圆鼓腹，圜底，空柄收束较细，下端有2周镂空的圆圈，喇叭口形圈足，足面起台。

Pottery *Dou*

Western Zhou Dynasty (1046 BC–771 BC)
Excavated from Li County, Gansu Province
Diameter at Mouth 17.8 cm | Diameter at Bottom 9.5 cm | Height 18.5 cm
Collection of Museum of Qin Culture in Li County of Gansu Province

双口罐

西周（公元前1046年—公元前771年）
甘肃省礼县出土
底径5.5厘米~6.0厘米 | 高13.1厘米
甘肃秦文化博物馆藏

夹砂灰褐陶。双口并联，平面呈纵横相交的椭圆形，圆唇，侈口，束颈，双颈间形成椭圆形镂空，颈下合为一个腹部，腹部圆鼓，平底。素面。

Pottery Duplex-*guan*

Western Zhou Dynasty (1046 BC–771 BC)
Excavated from Li County, Gansu Province
Diameter at Bottom 5.5 cm~6.0 cm | Height 13.1 cm
Collection of Museum of Qin Culture in Li County of Gansu Province

陶罐

西周（公元前1046年—公元前771年）
甘肃省礼县出土
口径8.0厘米｜腹径12.3厘米｜底径6.0厘米｜高15.5厘米
甘肃秦文化博物馆藏

夹砂灰褐陶。口微侈，方唇，高领略收束，肩部外斜，鼓腹，腹下收至平底。肩部饰1周锥刺纹。

Pottery *Guan*

Western Zhou Dynasty (1046 BC–771 BC)
Excavated from Li County, Gansu Province
Diameter at Mouth 8.0 cm ｜ Diameter at Belly 12.3 cm
Diameter at Bottom 6.0 cm ｜ Height 15.5 cm
Collection of Museum of Qin Culture in Li County of Gansu Province

鸟形壶

西周（公元前1046年—公元前771年）
甘肃省礼县出土
口径4.8厘米 | 底径6.0厘米 | 高12.3厘米
甘肃秦文化博物馆藏

夹砂灰陶。器形鸟状，侈口偏于器身一侧，方圆唇，长颈收束，圆鼓腹，缓收至平底，腹上部捏塑成扁平泥条状，似鸟尾。

Pottery Bird-shaped *Hu*
Western Zhou Dynasty (1046 BC–771 BC)
Excavated from Li County, Gansu Province
Diameter at Mouth 4.8 cm | Diameter at Bottom 6.0 cm
Height 12.3 cm
Collection of Museum of Qin Culture in Li County of Gansu Province

陶鬲

西周（公元前1046年—公元前771年）
甘肃省礼县出土
口径13.0厘米 | 高12.4厘米
甘肃秦文化博物馆藏

夹砂红褐陶。侈口较甚，厚圆唇，领部收束，肩部略外斜，腹微鼓，瘪裆较低，锥足，口径大于腹径。领部饰弦纹，弦纹上间隔饰锥刺纹和波浪纹各1周。

Pottery *Li* Tripod

Western Zhou Dynasty (1046 BC–771 BC)
Excavated from Li County, Gansu Province
Diameter at Mouth 13.0 cm | Height 12.4 cm
Collection of Museum of Qin Culture in Li County of Gansu Province

双耳罐

西周（公元前1046年—公元前771年）
甘肃省礼县出土
口径10.2厘米 | 底径5.5厘米 | 高18.9厘米
甘肃秦文化博物馆藏

夹砂红褐陶。口沿外侈较甚，平面呈圆形，圆唇，束颈，口沿下至折腹部有环耳，耳面鼓凸，折弧腹，下部斜收，平底。耳面上端饰4个戳印纹，耳根间刻画深凹弦纹，弦上贴塑2个圆形压印纹，腹部正中刻画3道放射纹。

Pottery *Guan* with Double Ears

Western Zhou Dynasty (1046 BC–771 BC)
Excavated from Li County, Gansu Province
Diameter at Mouth 10.2 cm | Diameter at Bottom 5.5 cm | Height 18.9 cm
Collection of Museum of Qin Culture in Li County of Gansu Province

第叁部分

立国·对峙
Founding of the State and Confrontation with the "Western Rong"

　　西周末年，各种社会矛盾日益尖锐，加上周幽王荒淫无道，申侯引犬戎入侵周都镐京。实力稍有发展的秦襄公与晋、郑等国出兵相助，打败犯上作乱的犬戎势力，并协助周平王迁都洛邑，拥立其继位。秦襄公一系列的护周之举，得到了周平王的赞赏。公元前770年，周天子正式封秦国为诸侯国，赐予岐以西之地。"戎无道，侵夺我岐、丰之地，秦能攻逐戎，即有其地。"（《史记·秦本纪》）这是周平王分封秦国时的承诺。

　　立国后的秦人面临的形势十分严峻。秦人长期倚靠的周王朝实力日渐衰弱，而周围西戎族群的实力仍然很强大，时刻威胁着秦国的安全。依靠自己，战胜西戎，以求得生存空间，是秦国唯一的发展之路。

　　At the end of Western Zhou around early 8th c. BC, social conflicts were increasingly intensified due to Zhou King's negligence of state affairs. Quanrong (the Dog Barbarian), a group of Xirong (the Western Rong) lived northwest of the Zhou took the opportunity and invaded Haojing, capital of Western Zhou. Xianggong, the King of a newly rising Qin state defeated Quanrong and helped install King Ping on the throne. Subsequently, Xianggong escorted King Ping to the eastern capital Luoyi. In 770 BC, the King installed Qin as a regional state of the Zhou and awarded the west land of the Qi in return for their protection and assistance. Zhou King issued an edict when the Qin were bestowed with the land. "Quanrong are so rebellious. They invaded our land at Qi and Feng. The Qin were capable of making them surrender and can have their land."

　　The situation the Qin was facing was serious. The power of Xirong was on the rise and the strength of the Zhou was weakening. To survive in the western land, the only option the Qin had was to expand their territory to the west occupied by Xirong.

壹 立国之初
Incipient Phase of the Qin State

大约在公元前897年,周孝王封秦族非子为附庸。经过120多年的努力,公元前770年,秦襄公因功而立国,被称为"嬴秦",并开始与其他诸侯"通聘享之礼",获得了与他们同等的地位。秦人立国之后,秦襄公及其之后的几代秦君,一方面大力发展西垂之地,整顿、巩固自己的大后方;另一方面也开始聚集力量向东发展,与西戎争夺"岐以西之地"——周平王赏赐给秦人的封地。

Around in 897 BC, Zhou King Xiao granted Feizi as a dependent of the Zhou. In 770 BC, the Qin officially became a regional state of the Zhou due to Duke Xiang's loyalty and service to court. Known as "Ying Qin", the Qin acquired the same status as other regional states of the Zhou. Led by Duke Xiang and several generations of successors, the Qin on the one hand expanded the territory in Xichui, the Western Border, and on the other initiated eastward military campaign against the Western Rong for the west land of the Qi bestowed to the Qin by Zhou King.

秦世系表

在位时间	在位君主
约前900—前858	秦非子
前857—前848	秦侯
前847—前845	秦公伯
前844—前822	秦仲
前821—前778	秦庄公
前777—前766	秦襄公
前765—前716	秦文公
	秦静公（未即位）
前715—前704	秦宪公
前703—前698	秦出子
前697—前678	秦武公
前677—前676	秦德公
前675—前664	秦宣公
前663—前660	秦成公
前659—前621	秦穆公
前620—前609	秦康公
前608—前605	秦共公
前604—前577	秦桓公
前576—前537	秦景公
前536—前501	秦哀公
	秦夷公（未即位）
前500—前491	秦惠公
前490—前477	秦悼公
前476—前443	秦厉共公
前442—前429	秦躁公
前428—前425	秦怀公
前424—前415	秦灵公
前414—前400	秦简公
前399—前387	秦惠公
前386—前385	秦出公
前384—前362	秦献公
前361—前338	秦孝公
前337—前311	秦惠文王
前310—前307	秦武王
前306—前251	秦昭襄王
前250	秦孝文王
前249—前247	秦庄襄王
前246—前210	秦始皇帝

最早城邑

西山遗址位于礼县县城之西的西汉水西岸的山坡上，遗址北边是鸾亭山遗址，东距大堡子山遗址13千米。西山遗址包括城址、建筑基址、墓葬和祭祀遗迹等。城址面积近10万平方米，建造年代大致为西周中晚期，是目前考古资料所反映的秦人最早的城邑。城址内的大型夯土建筑、陶质水管道、中型铜礼器墓、祭祀马坑等重要遗迹的发现，表明西山城址的等级较高。据史料记载，秦国的第一个都城建在西垂。西垂究竟在哪里？西山城址是否就是西垂？真正的答案等待着我们进一步探索、印证。

The Earliest Settlement of the Qin

The West Mountain site is situated on a hill of the north shore of the Western Han River present day Li County. To the north is the Luanting Mountain site and 13 kilometers to the east the Dabuzi Mountain site. The site has yielded city remains, foundation of architectures, tombs and sacrificial sites. The city occupies an area of nearly 100,000 square meters and was constructed roughly during the middle and late Western Zhou transition around mid-9th c. BC. It is the earliest city remains of the Qin that so far have been identified archaeologically. The city remains consist of large rammed-earth architectural foundations, ceramic water pipes, medium-sized tombs containing bronze vessels and sacrificial horse pits. It is recorded in historical texts that the first city of the Qin was built in Xichui. Where is Xichui? Is the West Mountain city remains part of the Xichui? Further studies are needed to answer these questions.

西山城址东墙

西汉水　刘家沟　雷神庙　鸾亭山山腰

西山城址

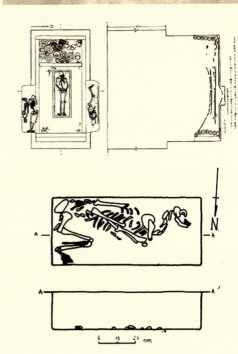
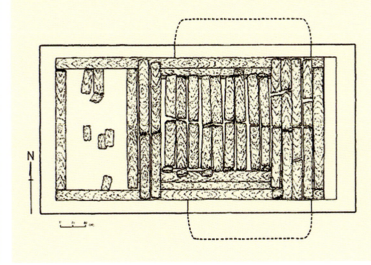

西山遗址墓葬发掘现场及其线图

M2003——2003年考古工作者在西山遗址发掘的一个墓葬，是目前所发现的西周时期等级最高的秦人墓。墓葬长5.01米，宽2.6米，深11米。墓主人为一成年男性，其仰身直肢，头朝西，头骨上残留有1枚铜镞。墓的南、北壁各设一龛，埋置殉人。北龛殉人为约30岁的女性，有棺。南龛殉人为十五六岁的女性，身旁葬有1只狗。随葬器物分别置于头箱、椁、棺中及棺盖之上。铜器有3件鼎、2件簋、1件短剑、1件戈和数件铜鱼；玉器有璧、圭、璋、戈等；陶器有鬲、盂、罐等。

M2003—A tomb excavated in 2003 at the West Mountain site. It is the highest ranking tomb of the Qin during the Western Zhou Period. The burial chamber measures 5.01 meters long, 2.6 meters wide and 1.1 meters deep. The occupant of the tomb is an adult male buried in supine position. The head of the deceased was oriented westward. A bronze arrowhead remained in the skull. A human sacrifice was interred in a niche on the north and south wall of the burial chamber. In the north niche is a female about 30 years old in a coffin. The south niche contained a girl of 15 or 16 years old with a dog. Burial offerings were placed in the head compartment, outer coffin, inner coffin and the lid of the inner coffin. Bronzes include three ding tripods, and two gui tureens, a short sword, a ge dagger axe and a number of bronze fish ornaments. The jade pieces are bi, gui, zhang, ge and so on. Prominent types of ceramic wares are li, yu, guan pots and so on.

铜簋

西周晚期（公元前877年—公元前771年）
甘肃省礼县西山遗址M2003出土
口径21.6厘米 ｜ 腹径25.0厘米 ｜ 腹深11.8厘米
耳高11.4厘米 ｜ 足高6.0厘米 ｜ 通高21.6厘米
甘肃省文物考古研究所藏

簋盖为敞口，喇叭状钮。以盖钮为中心，盖身环饰瓦棱纹。簋体为敛口，鼓腹，腹部有1对半环形兽耳，耳下出珥，圈足下带有3个矮小的足。器身肩部饰1周夔龙纹，圈足饰1周三角形简化夔纹，3个矮小的足均为立体的兽面纹造型。两耳上端饰兽首纹，耳身和珥部饰卷云纹。

Bronze *Gui* Tureen

Late Western Zhou Dynasty (877 BC–771 BC)
Excavated from M2003, West Mountain Site, Li County,
Gansu Province
Diameter at Mouth 21.6 cm | Diameter at Belly 25.0 cm
Depth of Belly 11.8 cm | Height of Ear 11.4 cm
Height of Foot 6.0 cm | Full Height 21.6 cm
Collection of Gansu Provincial Institute of Archaeology

铜鼎

西周晚期（公元前877年—公元前771年）
甘肃省礼县西山遗址M2003出土
口径28.0厘米｜腹径29.0厘米｜腹深17.8厘米
耳高6.0厘米｜足高12.6厘米｜通高24.4厘米
甘肃省文物考古研究所藏

直口，平沿，双立耳，球状深腹，三蹄足中部内收。器腹上部饰2周凸弦纹。

Bronze *Ding* Tripod

Late Western Zhou Dynasty (877 BC–771 BC)
Excavated from M2003, West Mountain Site, Li County, Gansu Province
Diameter at Mouth 28.0 cm | Diameter at Belly 29.0 cm
Depth of Belly 17.8 cm | Height of Ear 6.0 cm | Height of Foot 12.6 cm
Full Height 24.4 cm
Collection of Gansu Provincial Institute of Archaeology

青铜戈

西周晚期（公元前877年—公元前771年）
甘肃省礼县西山遗址M2003出土
通长20.8厘米 ｜ 阑长10.5厘米 ｜ 内长6.8厘米 ｜ 内宽3.9厘米
甘肃省文物考古研究所藏

三角形锋首，两边出刃，长弧援，中长胡，阑侧有3个狭长穿，长方形直内，内中有1个长穿。

Bronze *Ge* Dagger Axe

Late Western Zhou Dynasty (877 BC–771 BC)
Excavated from M2003, West Mountain Site, Li County, Gansu Province
Full Length 20.8 cm ｜ Length of the Rod 10.5 cm
Length of the Tang 6.8 cm ｜ Width of the Tang 3.9 cm
Collection of Gansu Provincial Institute of Archaeology

铜剑

西周晚期（公元前877年—公元前771年）
甘肃省礼县西山遗址M2003出土
通长23.5厘米 ｜ 剑身长13.4厘米 ｜ 最宽3.8厘米 ｜ 柄长9.4厘米 ｜ 柄宽1.8厘米
甘肃省文物考古研究所藏

锋圆钝，剑脊凸起，腊与格交接处剑身最宽，格弧形。茎扁平，饰云雷纹。柄首呈扁圆环状，有椭圆形穿孔，穿孔外饰1圈弦纹。

Bronze Sword

Late Western Zhou Dynasty (877 BC–771 BC)
Excavated from M2003, West Mountain Site, Li County,
Gansu Province
Full Length 23.5 cm ｜ Length of the Sword 13.4 cm
The Widest Width 3.8 cm ｜ Length of the Handle 9.4 cm
Width of the Handle 1.8 cm
Collection of Gansu Provincial Institute of Archaeology

玉璧

西周晚期（公元前877年—公元前771年）
甘肃省礼县西山遗址M2003出土
直径13.3厘米｜孔径6.1厘米｜边宽3.6厘米｜厚0.45厘米
甘肃秦文化博物馆藏

玉色骨黄，不透明，通体磨光。贴棺的一面有2道1.1厘米~1.3厘米宽的黑边红里宽带纹，黏附有席痕；另一面有朱砂彩绘痕迹。

Jade *Bi*

Late Western Zhou Dynasty (877 BC–771 BC)
Excavated from M2003, West Mountain Site, Li County, Gansu Province
Diameter 13.3 cm | Aperture 6.1 cm | Width of the Edge 3.6 cm
Thickness 0.45 cm
Collection of Museum of Qin Culture in Li County of Gansu Province

玉璧

西周晚期（公元前877年—公元前771年）
甘肃省礼县西山遗址M2003出土
直径14.45厘米｜孔径5.75厘米｜厚0.35厘米
甘肃秦文化博物馆藏

墨绿色，不纯净，有白色水锈，已钙化，边缘经仔细磨制。两面用朱砂彩绘三角纹、条带纹，纹饰边缘描黑，宽1.0厘米~1.3厘米。表面粘有包裹的布纹痕迹。

Jade *Bi*

Late Western Zhou Dynasty (877 BC–771 BC)
Excavated from M2003, West Mountain Site, Li County, Gansu Province
Diameter 14.45 cm | Aperture 5.75 cm | Thickness 0.35 cm
Collection of Museum of Qin Culture in Li County of Gansu Province

玉戈

西周晚期（公元前877年—公元前771年）
甘肃省礼县西山遗址M2003出土
通长24.2厘米｜援宽5.6厘米｜内长4.4厘米｜内宽5.2厘米｜厚0.5厘米
甘肃秦文化博物馆藏

出土于椁室内棺上。圭首，直刃，中部起脊，脊两侧稍下凹，宽刃，直内，内前端有一圆形钻孔。骨黄色。一面粘有白色的苇席碎片，两面均涂朱砂，刃部至锋下画有条带纹，通体磨光。

Jade *Ge*（Dagger Axe）

Late Western Zhou Dynasty (877 BC–771 BC)
Excavated from M2003, West Mountain Site, Li County, Gansu Province
Full Length 24.2 cm｜Width of the Blade 5.6 cm｜Length of the Tang 4.4 cm
Width of the Tang 5.2 cm｜Thickness 0.5 cm
Collection of Museum of Qin Culture in Li County of Gansu Province

玉管

西周晚期（公元前877年—公元前771年）
甘肃省礼县西山遗址M2003出土
高4.9厘米 | 直径2.8厘米～3.4厘米 | 孔径0.9厘米～1.8厘米
高5.6厘米 | 直径2.4厘米～3.0厘米 | 孔径1.1厘米～1.4厘米
甘肃秦文化博物馆藏

竹节形，束腰，中空，上径略小于下径。玉色浅绿，略透明。通体磨光。

Jade Tubes

Late Western Zhou Dynasty (877 BC–771 BC)
Excavated from M2003, West Mountain Site, Li County, Gansu Province
Height 4.9 cm | Diameter 2.8 cm ~ 3.4 cm | Aperture 0.9 cm ~ 1.8 cm
Height 5.6 cm | Diameter 2.4 cm ~ 3.0 cm | Aperture 1.1 cm ~ 1.4 cm
Collection of Museum of Qin Culture in Li County of Gansu Province

玉玦

西周晚期（公元前877年—公元前771年）
甘肃省礼县西山遗址M2003出土
直径3.0厘米 | 厚0.3厘米
甘肃秦文化博物馆藏

环形，玦口平直，玦壁薄而光滑。玉色洁白，莹润透明。通体磨光。

Jade *Jue*

Late Western Zhou Dynasty (877 BC–771 BC)
Excavated from M2003, West Mountain Site, Li County, Gansu Province
Diameter 3.0 cm | Thickness 0.3 cm
Collection of Museum of Qin Culture in Li County of Gansu Province

铜鱼

西周晚期（公元前877年—公元前771年）
甘肃省礼县西山遗址M2003出土
长7.8厘米 | 宽1.05厘米~2.5厘米
甘肃秦文化博物馆藏

共14件。大小形制相同，扁平，鱼形，眼镂空，圆点状鱼鳞，线形鳍纹。

Bronze Fishes

Late Western Zhou Dynasty (877 BC–771 BC)
Excavated from M2003, West Mountain Site, Li County, Gansu Province
Length 7.8 cm | Width 1.05 cm ~ 2.5 cm
Collection of Museum of Qin Culture in Li County of Gansu Province

第叁部分 立国・对峙

贝饰

西周晚期（公元前877年—公元前771年）
甘肃省礼县西山遗址M2003出土
长2.0厘米~2.3厘米
甘肃秦文化博物馆藏

共18件。顶部打磨形成椭圆孔，部分背部小端或近中部作孔。

Shell Ornament

Late Western Zhou Dynasty (877 BC–771 BC)
Excavated from M2003, West Mountain Site, Li County, Gansu Province
Length 2.0 cm ~ 2.3 cm
Collection of Museum of Qin Culture in Li County of Gansu Province

陶水管道

西周晚期（公元前877年—公元前771年）
甘肃省礼县西山遗址出土
通长79.3厘米 | 口径16.5厘米 | 底径25.0厘米
甘肃秦文化博物馆藏

夹砂灰陶。管状，一端直口、略小，端头一周对接凸棱，再下两侧附加锥状铆钉；另一端敞口、略大。饰交错绳纹。

Pottery Pipeline

Late Western Zhou Dynasty (877 BC–771 BC)
Excavated from West Mountain Site, Li County, Gansu Province
Full Length 79.3 cm | Diameter at Mouth 16.5 cm | Diameter at Bottom 25.0 cm
Collection of Museum of Qin Culture in Li County of Gansu Province

陶鬲

西周晚期（公元前877年—公元前771年）
甘肃省礼县西山遗址M2003出土
口径15.3厘米｜腹径15.0厘米｜高12.3厘米
甘肃秦文化博物馆藏

仿铜陶器。夹砂灰陶，陶色偏黑，足与裆底部呈砖红色。直口，斜沿内缘凸起，尖圆唇，圆肩，锥足。口沿内侧有1道凹弦纹，颈部抹光，肩至足跟上部附加3个锯齿状扉棱，腹部两足之间附加圆形小泥饼，颈以下至足跟饰竖向和斜向细绳纹。器面布满烟炱。

Pottery *Li* Tripod

Late Western Zhou Dynasty (877 BC–771 BC)
Excavated from M2003, West Mountain Site, Li County, Gansu Province
Diameter at Mouth 15.3 cm ｜ Diameter at Belly 15.0 cm ｜ Height 12.3 cm
Collection of Museum of Qin Culture in Li County of Gansu Province

陶豆

西周晚期（公元前877年—公元前771年）
甘肃省礼县西山遗址M2003出土
盘口径17.3厘米 | 盘深3.8厘米 | 足底径13.2厘米 | 高13.3厘米
甘肃秦文化博物馆藏

泥质灰陶。直口，圆尖唇，折腹，圜底，柄中空，束腰较细，腰部有1周凸棱，喇叭形足，足底外缘宽平、卷沿。盘口下有3道凹弦纹，内壁有快轮抹痕。

Pottery *Dou*

Late Western Zhou Dynasty (877 BC–771 BC)
Excavated from M2003, West Mountain Site, Li County, Gansu Province
Diameter at the Mouth of Plate 17.3 cm | Depth of the Plate 3.8 cm
Diameter at the Bottom of Foot 13.2 cm | Height 13.3 cm
Collection of Museum of Qin Culture in Li County of Gansu Province

陶喇叭口罐

西周晚期（公元前877年—公元前771年）
甘肃省礼县西山遗址M2003出土
口径22.5厘米 | 颈径12.0厘米 | 肩径33.4厘米 | 底径14.2厘米 | 高38.9厘米
甘肃秦文化博物馆藏

泥质灰陶。喇叭口，平沿，方唇，束颈，弧折肩，深腹，腹上部圆鼓，下部斜收，平底。肩上有1对半圆的扁平系，系的上、下各饰3道凹弦纹，弦纹间有2组4道刻画平行波折纹。腹部饰竖向细绳纹，上、下各有1周抹光。

Pottery *Guan* with Loudspeaker-shaped Mouth
Late Western Zhou Dynasty (877 BC–771 BC)
Excavated from M2003, West Mountain Site, Li County, Gansu Province
Diameter at Mouth 22.5 cm | Diameter at Neck 12.0 cm
Diameter at Shoulder 33.4 cm | Diameter at Bottom 14.2 cm | Height 38.9 cm
Collection of Museum of Qin Culture in Li County of Gansu Province

陶蛋形三足瓮

西周晚期（公元前877年—公元前771年）
甘肃省礼县西山遗址H4037出土
口径27.0厘米 | 高58.0厘米
甘肃秦文化博物馆藏

夹砂灰陶。敛口，平沿，方唇，蛋形腹，三矮足。颈部有2道戳印圆点纹，通体饰交错绳纹。

Pottery Egg-shaped Urn with Three Feet

Late Western Zhou Dynasty (877 BC–771 BC)
Excavated from H4037, West Mountain Site, Li County, Gansu Province
Diameter at Mouth 27.0 cm | Height 58.0 cm
Collection of Museum of Qin Culture in Li County of Gansu Province

西垂陵园

20世纪90年代初,两座秦公大墓被盗掘,大批珍贵文物流失海外。经过调查发现,被盗大墓正是位于甘肃省大堡子山的被掩埋了2700多年的秦人第一陵园——西垂陵园。1994年和2006年,考古工作者两次对墓地进行发掘和钻探调查,共发现墓葬400多座,清理了"中"字形大墓2座(编号为M2、M3)、车马坑2座、21号府库类建筑遗址、祭祀遗址(包括乐器坑1座、人祭坑4座、灰坑6座)、中小型墓16座。由于陵园被严重盗掘,大量文物流失,所以西垂陵园的墓主究竟是谁,目前仍是一个谜。

Xichui Cemetery

Two large tombs of the Qin rulers were robbed at the beginning of the 1990s and caused the trafficking of a large number of precious relics overseas. The looted tombs belonged to the first Qin Cemetery, the Xichui cemetery buried underground for over 2,700 years at Dabuzi Mountain, Gansu Province. Gansu Provincial Institute of Archaeology carried out rescue excavations at the site in 1994. Archaeological works identified more than four hundred Qin tombs and excavated two large ramped tombs (M2, M3) in the shape of Chinese character "中", a chariot pit, nine medium and small sized tombs. The site was excavated again by the joint archaeological team of the early Qin culture in 2006. The excavation revealed a sacrificial pit of bronze instruments (K5) and four pits of human sacrifices (K1, K2, K3 and K4) southwest of M2. The owner of the Xichui Cemetery is still a mystery due to the severe looting and loss of critical information within the tombs.

秦人陵区总图[陕S(2018)024号]

甘肃省礼县大堡子山遗址乐器坑——2006年下半年，早期秦文化联合考古队在甘肃省礼县大堡子山遗址秦公大墓M2西南20米处发现了一座乐器坑（编号K5），在其周围还发现了4个祭坑（编号K1~K4）。乐器坑是一座近东西向的长方形坑，宽2.1米，长8.8米，深1.1米~1.6米。

乐器坑内出土的乐器可分为南北两排，南边的一排为编钟和钟架，北边一排为编磬和磬架。成套青铜乐器包括3件镈钟、3件铜虎和8件甬钟，以及2套5件一组的石磬。镈钟由西向东呈由大到小排列，甬钟则大小相杂。编磬按照由东到西、由小到大的方式排列。编钟体形高大、铸造精良，堪称当时秦国青铜艺术的典范之作，钟上的铭文更是不可多得的金文史料。正因为意义重大，故甘肃省礼县大堡子山遗址被评为2006年全国十大考古发现之一。

Musical instruments pit of the site Dabuzi Mountain in Li County of Gansu Province—In second half of the year 2006, the early Qin culture archaeological team found a musical bronze instrument pit (No. K5) from 20 meters southwest of Qin King's Tomb M2 from the site Dabuzi Mountain in Li County of Gansu Province, and 4 sacrifice pits (No.K1~K4) were also found around it. The musical instrument pit is a rectangular pit near east-west with 2.1 meters wide, 8.8 meters long and 1.1~1.6 meters deep.

The musical instruments unearthed from the pit can be divided into two rows of north and south. In the south row chime bells and chime bells stand, and in the north row chime stones and chime shelf stand. The complete set of bronze instruments consists of 3 bells, 3 bronze tigers and 8 pieces of Yong bells, as well as 2 sets of 5 chime stones. The bells are arranged from west to east, from large to small, while the Yong bells are mixed randomly. The chime stones are arranged east to west, and from small to large. The chime bells are tall and well-minted, and were regarded as model of the bronze art of the Qin state at that time, and the inscription on the bells is a rare historical material. Because of its significance, the site Dabuzi Mountain in Li County of Gansu Province was named one of the top ten archaeological discoveries in the year 2006.

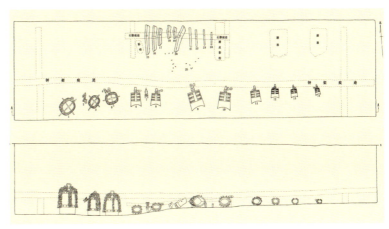

甘肃省礼县大堡子山遗址乐器坑发掘现场及其平、剖面图

 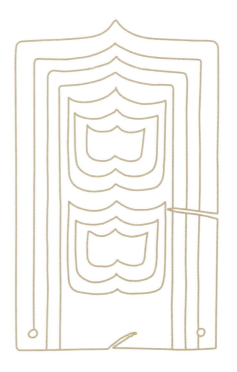

金饰片

春秋早期（公元前770年—公元前678年）
甘肃省礼县大堡子山遗址M2出土
长11.9厘米 | 宽7.4厘米
甘肃秦文化博物馆藏

锤鍱刻成。圭形，表面有突起的口唇纹，有2个孔。据推测应是固定于棺椁上的装饰品。

Gold-piece Ornament

Early Spring and Autumn Period (770 BC–678 BC)
Excavated from M2, Dabuzi Mountain Site, Li County, Gansu Province
Length 11.9 cm | Width 7.4 cm
Collection of Museum of Qin Culture in Li County of Gansu Province

金饰片

春秋早期（公元前770年—公元前678年）
甘肃省礼县大堡子山遗址M2出土
长4.0厘米 | 宽1.3厘米 | 重1.7克
甘肃省文物考古研究所藏

锤鍱刻成。圭形，三边平直，有2个孔。据推测应是固定于棺椁上的装饰品。

Gold-piece Ornament

Early Spring and Autumn Period (770 BC–678 BC)
Excavated from M2, Dabuzi Mountain Site, Li County, Gansu Province
Length 4.0 cm | Width 1.3 cm | Weight 1.7 g
Collection of Gansu Provincial Institute of Archaeology

折角形金饰片

春秋早期（公元前770年—公元前678年）
甘肃省礼县大堡子山遗址M3出土
长4.95厘米 | 宽1.1厘米～3.0厘米 | 重1.59克
甘肃省文物考古研究所藏

锤鍱制成。呈折角靴形，上端三角形，下端长条形，有2个孔。表面依外形锤鍱瓦棱纹，有打磨、抛光的痕迹。据推测应是固定于棺椁上的装饰品。

Gold-piece Ornament of Fractate-shaped

Early Spring and Autumn Period (770 BC–678 BC)
Excavated from M3, Dabuzi Mountain Site, Li County, Gansu Province
Length 4.95 cm | Width 1.1 cm ~ 3.0 cm | Weight 1.59 g
Collection of Gansu Provincial Institute of Archaeology

石磬

春秋早期（公元前770年—公元前678年）
甘肃省礼县大堡子山遗址M2出土
甘肃省文物考古研究所藏

由青灰色灵璧岩制成，表面泛白色。由中脊分为两半，股短股博宽9.0厘米、厚4.1厘米，股上边长22.5厘米，股下边长17.0厘米；鼓短鼓博宽9.0厘米、厚4.0厘米，鼓上边长39.0厘米，鼓下边长17.0厘米。倨句孔为圆形，直径3.0厘米，倨句呈153°角。

甘肃省礼县大堡子山遗址M2被盗后，在盗洞中发现了多件石磬。从石磬的尺寸、颜色等推断，秦公大墓中应该随葬有多组编磬。

Chime Stone
Early Spring and Autumn Period (770 BC–678 BC)
Excavated from M2, Dabuzi Mountain Site, Li County, Gansu Province
Collection of Gansu Provincial Institute of Archaeology

石磬各部分称谓（罗西章，罗芳贤：《古文物称谓图典》，西安：三秦出版社，2009年。）

石磬

春秋早期（公元前770年—公元前678年）
甘肃省礼县大堡子山遗址M2出土
甘肃省文物考古研究所藏

由灰白色灵璧岩制成。由中脊分为两半，股博的上、下角呈圆弧形。股短股博宽14.0厘米、厚4.0厘米，股上边长22.0厘米，股下边长20.5厘米。鼓短鼓博宽10.5厘米、厚4.0厘米，鼓上边长41.0厘米，鼓下边长36.0厘米。倨句孔为圆形，直径2.2厘米，倨句呈152°角。

Chime Stone

Early Spring and Autumn Period (770 BC–678 BC)
Excavated from M2, Dabuzi Mountain Site, Li County, Gansu Province
Collection of Gansu Provincial Institute of Archaeology

玉琮

春秋早期（公元前770年—公元前678年）
甘肃省礼县大堡子山遗址M2出土
口径6.2厘米 ｜ 高5.2厘米
甘肃省文物考古研究所藏

出土于墓室腰坑。青绿色，部分受沁泛白。外方内圆，圆高出。

Jade *Cong*
Early Spring and Autumn Period (770 BC–678 BC)
Excavated from M2, Dabuzi Mountain Site, Li County, Gansu Province
Diameter at Mouth 6.2 cm ｜ Height 5.2 cm
Collection of Gansu Provincial Institute of Archaeology

玉琮

春秋早期（公元前770年—公元前678年）
甘肃省礼县大堡子山遗址M3出土
口径5.5厘米 | 高5.9厘米
甘肃省文物考古研究所藏

出土于墓室腰坑。浅绿色，两端部分受沁泛白。外方内圆，外圆角方形，内圆凸高。

Jade *Cong*

Early Spring and Autumn Period (770 BC–678 BC)
Excavated from M3, Dabuzi Mountain Site, Li County, Gansu Province
Diameter at Mouth 5.5 cm | Height 5.9 cm
Collection of Gansu Provincial Institute of Archaeology

秦子镈

春秋早期（公元前770年—公元前678年）
甘肃省礼县大堡子山遗址K5出土
通高66.0厘米
甘肃秦文化博物馆藏

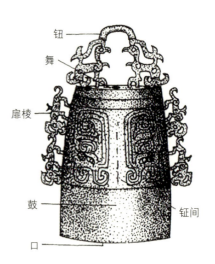

铜镈各部分称谓（罗西章，罗芳贤：《古文物称谓图典》，西安：三秦出版社，2009年。）

分范合铸。镈身中部微鼓，舞部椭圆面，正中有1个圆孔，鼓部平齐，四侧有扉棱，将镈身分成四区。侧边的2个扉棱各由7条镂空龙纹盘曲而成，上延舞部，对接成桥形钮，钮上勾连"S"形六棱钩环。舞部饰4组双龙缠绕纹，龙目圆凸。镈身上、下各有1条由阴线蝉纹、卷云纹和凸菱形纹相间组成的条带纹。镈钟的主体装饰为2周浮雕的卷龙纹，每周各有8组，龙纹上大下小。龙身表面饰阴线纹。舞部下侧局部残留布纹。铜镈舞长径29.4厘米、短径23.7厘米，铣距37.2厘米，鼓间距31.3厘米，体高48.5厘米。镈体内有均匀分布的泥撑芯痕迹。鼓部有铭文28字，即"秦子作寶龢/鐘以其三鎛/厥音肅肅雍雍秦/子畯令在位/眉壽萬年無/疆"。

Bronze *Bo* Bell

Early Spring and Autumn Period (770 BC–678 BC)
Excavated from K5, Dabuzi Mountain Site, Li County, Gansu Province
Full Height 66.0 cm
Collection of Museum of Qin Culture in Li County of Gansu Province

秦子镈铭文

第叁部分 立国·对峙

青铜虎

春秋早期（公元前770年—公元前678年）
甘肃省礼县大堡子山遗址K5出土
长22.6厘米 | 宽8.0厘米 | 高11.1厘米
甘肃秦文化博物馆藏

立耳，凸目，方吻，顾首向后，尾上卷，做匍匐状，饰阴线卷云纹。礼县大堡子山遗址乐器坑共出土铜虎3件，其中一件出土于镈钟旁，一件出土于镈舞部，一件出土于两件甬钟之间。有些考古工作者认为3件铜虎与3件镈钟相匹配，可能是用于止音的器物。

Bronze Tiger
Early Spring and Autumn Period (770 BC–678 BC)
Excavated from K5, Dabuzi Mountain Site, Li County, Gansu Province
Length 22.6 cm | Width 8.0 cm | Height 11.1 cm
Collection of Museum of Qin Culture in Li County of Gansu Province

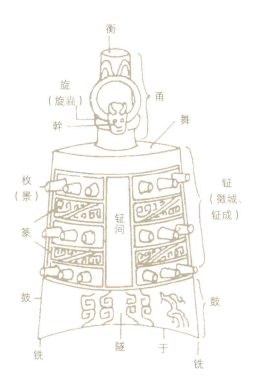

甬钟各部分称谓（罗西章，罗芳贤：《古文物称谓图典》，西安：三秦出版社，2009年。）

铜甬钟

春秋早期（公元前770年—公元前678年）
甘肃省礼县大堡子山遗址K5出土
通高53.71厘米
甘肃秦文化博物馆藏

甬钟呈柱状，体较宽，两铣之间较宽。旋部纹饰可分为4个单元，皆饰阴线兽目交连纹；舞部纹饰可分为4个单元，皆饰阴线卷云纹；钲部左右的篆部各分五区，一、三、五区各有3个枚，二、四区饰阳线三角夔纹；正鼓部为左右对称的阴线顾首夔龙纹，鼓部右侧饰鸟纹。甬高14.41厘米，舞长径14.41厘米、短径20.8厘米，铣距33.2厘米，鼓间距22.1厘米，体高39.9厘米，钟钩长14.1厘米。礼县大堡子山遗址乐器坑共出土甬钟8件。8件甬钟大小有别，排列有序，形制相似。此件甬钟为由西向东的第3件，是尺寸最大的一件。

Bronze *Yong* Bell

Early Spring and Autumn Period (770BC–678BC)
Excavated from K5, Dabuzi Mountain, Li County, Gansu Province
Full Height 53.71cm
Collection of Museum of Qin Culture in Li County of Gansu Province

贵族遗珍

圆顶山遗址位于甘肃省礼县城东13千米，与大堡子山遗址隔西汉水相望。考古工作者于1998年、2000年先后两次对圆顶山秦墓进行了抢救性发掘，共发掘墓葬4座、车马坑1座。4座墓皆为圆角长方形的直壁竖穴土圹墓，东西向，棺椁葬，有二层台，台上有殉人。其中，有两座墓的主人应为一对夫妇，编号98LDM2的墓主为男性，编号98LDM1的墓主为女性。墓葬出土大量的随葬器物，有金器、玉器、青铜器、陶器、石器、骨器、贝器等数百件，以青铜器数量最多。从圆顶山墓地的规模、墓葬等级推测这里应该是春秋时期高等级的秦人贵族墓地。

Remaining Treasures of the Qin Nobility

The Yuanding Mountain site is on the other side of the Western Han River 13 kilometers east of the Li County. Rescue excavations of the site were carried out in 1998 and 2000 and revealed four burials and one horse and chariot pit. The four burials east and west oriented are pit graves with rounded corners furnished with inner and outer coffins. Human sacrifices were laid on the secondary ledges. Among the four burials, the occupant of tomb 98LDM2 was a male and 98LDM1was a female. The two occupants were identified as a couple. The burials yield hundreds of artifacts in gold, jade, bronze, pottery, stone, bone and shell among which bronzes were the richest. The furnishing in tombs and the scale of the cemetery suggest Yuanding Mountain is the cemetery for the Qin nobility during the Spring and Autumn Period. The occupants of Yuanding Mountain tombs could be the guardians of Qin ancestral tombs.

西汉水流域地貌

第叁部分 立国·对峙

青铜鼎（98LDM1：12）

青铜鼎（98LDM1：16）

青铜鼎（98LDM1：18）

青铜鼎

春秋中期（公元前677年—公元前577年）
甘肃省礼县圆顶山遗址98LDM1出土
[98LDM1：12] 口径22.2厘米｜腹深10.2厘米｜通高23.1厘米
[98LDM1：16] 口径19.6厘米｜腹深9.5厘米｜通高20.4厘米
[98LDM1：18] 口径23.5厘米｜腹深10.0厘米｜通高21.7厘米
[98LDM1：25] 口径23.6厘米｜腹深12.2厘米｜通高23.6厘米
[98LDM1：11] 口径18.0厘米｜腹深13.0厘米｜通高20.4厘米
甘肃秦文化博物馆藏

Bronze *Ding* Tripod

Mid-Spring and Autumn Period (677 BC–577 BC)
Excavated from 98LDM1, Yuanding Mountain Site, Li County, Gansu Province
[98LDM1：12] Diameter at Mouth 22.2 cm｜Depth at Belly 10.2 cm Full Height 23.1 cm
[98LDM1：16] Diameter at Mouth 19.6 cm｜Depth at Belly 9.5 cm Full Height 20.4 cm
[98LDM1：18] Diameter at Mouth 23.5 cm｜Depth at Belly 10.0 cm Full Height 21.7 cm
[98LDM1：25] Diameter at Mouth 23.6 cm｜Depth at Belly 12.2 cm Full Height 23.6 cm
[98LDM1：11] Diameter at Mouth 18.0 cm｜Depth at Belly 13.0 cm Full Height 20.4 cm
Collection of Museum of Qin Culture in Li County of Gansu Province

98LDM1：12、16、18

敛口，立耳，平折沿，方唇，斜腹，圜底，蹄形足内侧近平。腹部饰窃曲纹1周，下饰垂鳞纹1周，口沿下及腹部界饰凸弦纹1周。足跟部饰蟠虺纹，中部饰凸弦纹1周。耳外侧饰"回"形纹。器底有烟炱。

98LDM1：25

敛口，立耳，平折沿，方唇，垂腹略外鼓，底微圜，蹄形足内侧近平。腹部饰蟠虺纹和波曲纹各1周，间以凸弦纹1周。足跟饰蟠虺纹，中部饰凸弦纹1周。耳外侧饰"回"形纹。

98LDM1：11

浅盘形盖，折腹，盖面中央有桥形钮，周边还有3个曲尺形钮。敛口，附耳内敛，深圆鼓腹，圜底，蹄形足。盖面饰2组4周窃曲纹，间以宽带纹。器身上部饰窃曲纹3周，下饰凸弦纹1周。附耳外侧饰重环纹。

青铜鼎（98LDM1：25）

青铜鼎（98LDM1：11）

青铜簋

春秋中期（公元前677年—公元前577年）
甘肃省礼县圆顶山遗址98LDM1出土
口径18.4厘米 | 腹深9.2厘米 | 通高16.4厘米
甘肃秦文化博物馆藏

盘形盖，较平，上有饼形捉手，平缘。簋身口内敛，方唇，鼓腹，圈足外撇。腹部两侧各有1副对称钮形耳，圈足下原附有3个小足，已残。盖顶饰蟠虺纹，间以宽带纹。盖面、器腹上部和圈足饰蟠虺纹各1周，腹下部饰瓦棱纹。

Bronze *Gui* Tureen

Mid-Spring and Autumn Period (677 BC–577 BC)
Excavated from 98LDM1, Yuanding Mountain Site, Li County, Gansu Province
Diameter at Mouth 18.4 cm | Depth of Belly 9.2 cm | Full Height 16.4 cm
Collection of Museum of Qin Culture in Li County of Gansu Province

青铜簋

春秋中期（公元前677年—公元前577年）
甘肃省礼县圆顶山遗址2000LDM4出土
口径19.2厘米 | 腹深7.4厘米 | 通高20.0厘米
甘肃秦文化博物馆藏

浅腹钵形盖，上有圈足式捉手。簋身敛口，鼓腹。腹部两侧有对称兽首环形耳，兽首凸目、方角、卷鼻。簋平底，有喇叭形矮圈足，其上附有3个蹄形足。盖、身口下及盖顶蟠虺纹，盖、身中部饰瓦棱纹，圈足饰窃曲纹。

Bronze *Gui* Tureen

Mid-Spring and Autumn Period (677 BC–577 BC)
Excavated from 2000LDM4, Yuanding Mountain Site, Li County, Gansu Province
Diameter at Mouth 19.2 cm | Depth of Belly 7.4 cm | Full Height 20.0 cm
Collection of Museum of Qin Culture in Li County of Gansu Province

青铜簋

春秋中期（公元前677年—公元前577年）
甘肃省礼县圆顶山遗址98LDM1出土
口径18.2厘米｜腹深8.8厘米｜通高18.6厘米
甘肃秦文化博物馆藏

浅腹钵形盖，上有圈足式捉手。簋身口内敛，方唇，垂腹，圈足，下附3个扁平支足。腹两侧有对称兽首环形耳，兽首凸目、方角、卷鼻。盖顶饰蟠虺纹，间以宽带纹。盖顶、盖缘、器腹及圈足上部各饰蟠虺纹1周。盖腹和器下腹部各饰瓦棱纹3周。

Bronze *Gui* Tureen

Mid-Spring and Autumn Period (677 BC–577 BC)
Excavated from 98LDM1, Yuanding Mountain Site, Li County, Gansu Province
Diameter at Mouth 18.2 cm | Depth of Belly 8.8 cm | Full Height 18.6 cm
Collection of Museum of Qin Culture in Li County of Gansu Province

青铜簋

春秋中期（公元前677年—公元前577年）
甘肃省礼县圆顶山遗址2000LDM2出土
口径19.2厘米｜腹深7.4厘米｜通高20.0厘米
甘肃秦文化博物馆藏

钵形盖，上有圈足式捉手。簋身敛口，方唇，鼓腹，腹两侧有对称兽首环形耳，平底，喇叭形矮圈足，其上附有3个兽首形支足。耳上兽首凸目，方角，卷鼻。盖近沿处、身上部和耳下部饰蟠虺纹，盖、身中部饰瓦棱纹。

Bronze *Gui* Tureen

Mid-Spring and Autumn Period (677 BC–577 BC)
Excavated from 2000LDM2, Yuanding Mountain Site, Li County, Gansu Province
Diameter at Mouth 19.2 cm | Depth of Belly 7.4 cm | Full Height 20.0 cm
Collection of Museum of Qin Culture in Li County of Gansu Province

青铜方壶

春秋中期（公元前677年—公元前577年）
甘肃省礼县圆顶山遗址98LDM1出土
口长20.8厘米 | 口宽15.2厘米 | 腹长24.0厘米 | 腹宽17.2厘米
腹深35.8厘米 | 通高49.0厘米
甘肃秦文化博物馆藏

有盖，盖顶有圈足式捉手，深子口，盖下部微鼓。器身为敞口，方唇，长颈，垂腹外鼓，高圈足。盖四周附有4个对称兽首形耳，兽首方角、凸目、獠牙。颈部饰兽首长鼻套璧形环双耳，兽首方角、突目、獠牙、长鼻，其口衔一扁平镂空鸟，鸟长冠、圆目、有喙。颈部前、后还各有1个对称、突目、獠牙的兽首。垂腹四面附4个凸目、方角、长獠牙的兽首。圈足四角有4只相向的卧虎将壶托起。卧虎怒目、龇牙，身上饰虎纹，栩栩如生。盖顶、圈足及璧形环面饰蟠虺纹，盖面、颈部、腹部和附耳上饰对鸟形窃曲纹，颈下部饰凸棱纹。

Bronze Square *Hu*

Mid-Spring and Autumn Period (677 BC–577 BC)
Excavated from 98LDM1, Yuanding Mountain Site, Li County, Gansu Province
Length at Mouth 20.8 cm | Width at Mouth 15.2 cm | Length at Belly 24.0 cm
Width at Belly 17.2 cm | Depth of Belly 35.8 cm | Full Height 49.0 cm
Collection of Museum of Qin Culture in Li County of Gansu Province

四轮铜方盒

春秋中期（公元前677年—公元前577年）
甘肃省礼县圆顶山遗址98LDM1出土
车厢长11.1厘米 | 车厢宽7.5厘米 | 轮径4.0厘米 | 通高8.8厘米
甘肃秦文化博物馆藏

共2件。此件为长方体车厢。盖由对开的2扇小盖组成，盖中一侧为一跪坐的人形钮，"人"呈屈臂、跪坐姿；另一侧为一熊形钮，"熊"呈屈肢而坐，憨态可掬。厢体上四角各有1只站立的飞禽，禽足柱状，可转动。将4只飞禽面向盖中心，盖可锁住；面向其他方向，盖可打开。车厢侧面四角各装饰有1只老虎，虎首向上，四足紧扣车厢，尾翻卷，仰天长啸。厢下附带轴的2对圆轮，并有辖、軎等构件。圆轮可转动，每轮有8根辐条。盖面和车厢的4个侧板上饰满蟠虺纹。

Four-wheeled Square Bronze Box

Mid-Spring and Autumn Period (677 BC–577 BC)
Excavated from 98LDM1, Yuanding Mountain Site, Li County, Gansu Province
Length of Carriage 11.1 cm | Width of Carriage 7.5 cm
Diameter of the Wheel 4.0 cm | Full Height 8.8 cm
Collection of Museum of Qin Culture in Li County of Gansu Province

西畤祭天

秦襄公始建秦国，是秦族发展史上的重要里程碑。襄公立国后，首先在西垂故地"作西畤祀白帝"。畤指古代祭祀上天五帝的高亢之所。白帝是神话中五帝之一，是嬴姓始祖。虽然秦襄公建立的西畤还未找到，但在西山遗址紧邻的鸾亭山山顶发现了汉代祭天遗迹，出土了50余件圭、璧、玉人等祭祀用玉以及"长乐未央"瓦当等。在汉代，只有皇帝才能祭天，而且大凡先秦有过的祭天之地，汉代均继续为之。因此，鸾亭山汉代皇家祭天遗迹的发现，为寻找秦襄公之西畤提供了重要线索。

西畤祭天有违诸侯礼制，有僭越之嫌。秦襄公刚被封为诸侯就进行隆重的祭天仪式，暴露出其称霸天下的野心。

Sacrifices to Heaven

The establishment of Qin by Duke Xiang was a milestone in the history of the Qin. Duke Xiang founded a sacrificial site known as "Xizhi" to offer sacrifices to "the White Emperor" who was considered as the ancestor of Ying Qin clan. The White Emperor is one of the five Chinese legendary emperors. The location of this Qin sacrificial site remains elusive. However, a Han date sacrificial site to heaven is identified on the top of the hill of the Luanting Mountain close to the Qin West Mountain site. More than fifty jades including gui, bi and figurines for sacrifices together with eave—tiles inscribed with "Changle Weiyang" have been found at this site. It is believed that the Han continued to use the Qin sacrificial sites. There is a probability that the Luanting Mountain sacrificial site was used by the Qin before the founding of the state in 770 BC.

远眺鸾亭山

鸾亭山发掘区鸟瞰图

鸾亭山遗址——由山顶的祭祀台和山腰东、西夯土台组成。山顶祭祀遗址包括圆坛及其下面的台地，面积约为2000平方米。圆坛周围有汉代夯土围墙。

《史记·六国年表第三》："秦襄公始封为诸侯，作西畤用事上帝，僭端见矣。"

《史记·秦本纪》："襄公于是始国，与诸侯通使聘享之礼，乃用骝驹、黄牛、羝羊各三，祠上帝西畤。"

瓦当

西汉（公元前202年—公元前9年）
甘肃省礼县鸾亭山遗址T6②a层出土
直径15.0厘米｜厚2.4厘米
甘肃秦文化博物馆

当面边轮宽而规整，内有1周凸弦纹。双界格线向外连至凸弦纹，向内连至当心的1周凸弦纹上。当面中央为一凸起的大乳钉纹。被双界格线划分出的4个区域，内阳刻篆书"长乐未央"四字，每字两端各有1枚乳钉。

Eaves-tile

Western Han Dynasty (202 BC–9 BC)
Excavated from T6②a, Luanting Mountain Site, Li County, Gansu Province
Diameter 15.0 cm | Thickness 2.4 cm
Collection of Museum of Qin Culture in Li County of Gansu Province

玉人（男）

西汉（公元前202年—公元前9年）
甘肃省礼县鸾亭山遗址T6②a层出土
高12.3厘米 | 宽2.4厘米 | 厚0.4厘米
甘肃秦文化博物馆藏

长方形片状，玉色青绿，半透明。为一成年男子造型，头顶右侧偏髻，长方脸，阴刻五官，弯眉，大眼，直鼻，阔口，唇部上刻"八"字形胡、下刻3道胡须，方肩，腰部阴刻连续"X"纹腰带。

Jade Person (Male)

Western Han Dynasty (202 BC–9 BC)
Excavated from T6②a, Luanting Mountain Site, Li County, Gansu Province
Height 12.3 cm | Width 2.4 cm | Thickness 0.4 cm
Collection of Museum of Qin Culture in Li County of Gansu Province

玉人（女）

西汉（公元前202年—公元前9年）
甘肃省礼县鸾亭山遗址T6②a层出土
高11.7厘米 | 宽2.4厘米 | 厚0.5厘米
甘肃秦文化博物馆藏

长方形片状，玉质白润透明。为一女子造型，平顶，圆脸，阴线刻画面部，弯眉，大眼，直鼻，阔口，斜肩，腰部单阴线刻画腰带。

Jade Person (Female)

Western Han Dynasty (202 BC–9 BC)
Excavated from T6②a, Luanting Mountain Site, Li County, Gansu Province
Height 11.7 cm | Width 2.4 cm | Thickness 0.5 cm
Collection of Museum of Qin Culture in Li County of Gansu Province

玉圭

西汉（公元前202年—公元前9年）
甘肃省礼县鸾亭山遗址T6②a层出土
高9.3厘米 | 宽2.3厘米 | 厚0.5厘米
甘肃秦文化博物馆藏

玉色墨绿。下部有单阴刻线。

Jade *Gui*

Western Han Dynasty (202 BC–9 BC)
Excavated from T6②a, Luanting Mountain Site, Li County, Gansu Province
Height 9.3 cm | Width 2.3 cm | Thickness 0.5 cm
Collection of Museum of Qin Culture in Li County of Gansu Province

玉圭

西汉（公元前202年—公元前9年）
甘肃省礼县鸾亭山遗址T6②a层出土
高9.3厘米 | 宽2.3厘米 | 厚0.5厘米
甘肃秦文化博物馆藏

玉色墨绿。下部有单阴刻线。

Jade *Gui*

Western Han Dynasty (202 BC–9 BC)
Excavated from T6②a, Luanting Mountain Site, Li County, Gansu Province
Height 9.3 cm | Width 2.3 cm | Thickness 0.5 cm
Collection of Museum of Qin Culture in Li County of Gansu Province

玉璧

西汉（公元前202年—公元前9年）
甘肃省礼县鸾亭山遗址T6②a层出土
直径14.1厘米 | 孔径1.9厘米 | 厚1.0厘米
甘肃秦文化博物馆藏

白色大理石质。素面。

Jade *Bi*

Western Han Dynasty (202 BC–9 BC)
Excavated from T6②a, Luanting Mountain Site, Li County, Gansu Province
Diameter 14.1 cm | Aperture 1.9 cm | Thickness 1.0 cm
Collection of Museum of Qin Culture in Li County of Gansu Province

玉璧

西汉（公元前202年—公元前9年）
甘肃省礼县鸾亭山遗址T6②a层出土
直径21.4厘米 | 孔径3.7厘米 | 厚0.5厘米
甘肃秦文化博物馆藏

玉色青绿。以双阴刻线内斜线纹将璧面分为内外两区，内区孔外缘饰1周阴线纹，外区饰4组交龙纹。

Jade *Bi*

Western Han Dynasty (202 BC–9 BC)
Excavated from T6②a, Luanting Mountain Site, Li County, Gansu Province
Diameter 21.4 cm | Aperture 3.7 cm | Thickness 0.5 cm
Collection of Museum of Qin Culture in Li County of Gansu Province

壹 对峙征伐

Confrontation with the Western Rong and Military Expeditions

随着经济、军事实力的不断增强,向东开疆拓土成为秦国的发展目标。秦国借着"王命"大力征伐西戎,西戎的实力有所削弱,而秦人的势力范围越来越大。近些年的考古成果也证实了这一点。

从考古发现看,到春秋中期,曾经遍布陇山东西两侧、延续数百年的土著西戎急剧衰落。在实力不断壮大的秦国的胁迫下,一部分戎人南迁至现在的四川西北部,形成后来的石棺葬文化;一部分戎人向东迁至今陕西子午岭以东地区,近年新发现的黄陵寨头河战国戎人墓地的墓主们,很可能是西戎的后裔;继续留在陇山东西两侧的戎人则臣服于秦,考古工作者在甘肃天水地区发现的毛家坪西戎文化遗存便是代表。

The eastward expansion became a major goal of the Qin state when their economic and military power kept growing. The forced relocation of the Zhou capital to the east also provided the Qin with the opportunity for growth. Under the protection of the mandate of the King, the Qin launched aggressive military campaigns against the Western Rong and dramatically weakened their power. The territory of the Qin kept expanding as testified by archeological materials in recent years.

Archaeological discoveries suggest that by the middle Spring and Autumn Period the indigenous Xirong represented by the Siwa culture which occupied both east and west sides of the Longshan Mountain were in sharp decline. A group of Rong was forced to move to the south and to northwestern Sichuan and created a culture characterized with stone-cist tombs. Another group relocated to east of the Ziwu Mountain ridge. The decedents of this group were buried at Zhaitouhe, Huangling during the Warring States Period. The remnants of the Xirong in the Longshan area surrendered to the Qin and became their dependents. The Maojiaping site at Tianshui yielded the archaeological remains of this group of Xirong.

铜甗

春秋中期（公元前677年—公元前577年）
甘肃省甘谷县毛家坪遗址M2111出土
口长12.7厘米 | 口宽9.8厘米 | 通高18.3厘米
甘肃省文物考古研究所藏

联体甗。甑为长方体，圆唇，直口，口面外附斜耳，斜腹内收，无箅；鬲身短小，鼓腹，联平裆，柱足4个。素面。

Bronze *Yan*

Mid-Spring and Autumn Period (677 BC–577 BC)
Excavated from M2111, Maojiaping Site, Gangu County, Gansu Province
Length at the Mouth of Boiler 12.7 cm | Width at the Mouth of Boiler 9.8 cm
Full Height 18.3 cm
Collection of Gansu Provincial Institute of Archaeology

国风·秦风·黄鸟

交交黄鸟，止于棘。谁从穆公？子车奄息。
维此奄息，百夫之特。临其穴，惴惴其栗。
彼苍者天，歼我良人！如可赎兮，人百其身！

交交黄鸟，止于桑。谁从穆公？子车仲行。
维此仲行，百夫之防。临其穴，惴惴其栗。
彼苍者天，歼我良人！如可赎兮，人百其身！

交交黄鸟，止于楚。谁从穆公？子车铖虎。
维此铖虎，百夫之御。临其穴，惴惴其栗。
彼苍者天，歼我良人！如可赎兮，人百其身！

子车戈

春秋中期（公元前677年—公元前577年）
甘肃省甘谷县毛家坪遗址M2059出土
通长19.7厘米 ｜ 援长11.5厘米 ｜ 阑长11.3厘米 ｜ 内长8.0厘米
内宽3.3厘米
甘肃省文物考古研究所藏

三角锋，斜直援，长胡，阑侧有3个穿，长方形直内，内中有1个长穿。胡部有铭文2行共14字："秦公作子车用戜/𢦏武竷戮畏不廷。"《史记》《左传》等史书均有秦穆公葬雍，子车氏奄息、仲行和铖虎从葬故事的记载。秦穆公是春秋五霸之一，子车氏三良是秦穆公身边的近臣，秦穆公与子车氏三良之间有同生同死的约定。公元前621年，秦穆公去世，殉葬而死者177人，其中就包括子车氏三良。子车氏三人十分善良、勇武，国人对他们的死感到悲痛万分，便赋《黄鸟》之诗以哀悼，传唱至今。考古工作者认为甘肃省甘谷县毛家坪遗址M2059的墓主是子车氏家族的重要成员，也许就是子车氏三良的子侄，他被派到秦时的冀县，担任地方长官，管理军政，镇抚西戎。

Bronze *Ge* (Dagger Axe)

Mid-Spring and Autumn Period (677 BC–577 BC)
Excavated from M2059, Maojiaping Site, Gangu County, Gansu Province
Full Length 19.7 cm ｜ Length of the Blade 11.5 cm
Length of the Rod 11.3 cm ｜ Length of the Tang 8.0 cm
Width of the Tang 3.3 cm
Collection of Gansu Provincial Institute of Archaeology

青铜戈

春秋晚期（公元前576年—公元前476年）
甘肃省甘谷县毛家坪遗址K201出土
通长19.1厘米 | 援长12.8厘米 | 阑长12.0厘米 | 内长6.3厘米 | 内宽3.2厘米
甘肃省文物考古研究所藏

三角锋，直援，长胡，援与胡夹角约90°，阑侧有3个穿，内较小，呈长方形。局部有布纹痕迹。

Bronze *Ge* (Dagger Axe)

Late Spring and Autumn Period (576 BC–476 BC)
Excavated from K201, Maojiaping Site, Gangu County, Gansu Province
Full Length 19.1 cm | Length of the Blade 12.8 cm | Length of the Rod 12.0 cm
Length of the Tang 6.3 cm | Width of the Tang 3.2 cm
Collection of Gansu Provincial Institute of Archaeology

铜矛

春秋晚期（公元前576年—公元前476年）
甘肃省甘谷县毛家坪遗址K201出土
通高18.5厘米 | 刃长13.2厘米 | 刃宽3.8厘米 | 骹径2.5厘米
甘肃省文物考古研究所藏

刃部狭长，呈柳叶形，两侧出刃，前端收束成三角弧锋，后端宽弧，中起锥状凸脊，短圆骹，筒（箭）口1周凸棱，筒（箭）面中部有方形对穿钉孔。

Bronze Spear

Late Spring and Autumn Period (576 BC–476 BC)
Excavated from K201, Maojiaping Site, Gangu County, Gansu Province
Full Height 18.5 cm | Length of the Blade 13.2 cm
Width of the Blade 3.8 cm | Diameter at Bottom 2.5 cm
Collection of Gansu Provincial Institute of Archaeology

铜盂

春秋中期（公元前677年—公元前577年）
甘肃省甘谷县毛家坪遗址M2111出土
口径18.8厘米｜通高11.2厘米
甘肃省文物考古研究所藏

盘形盖，中央有一凸起饼形捉手，盖缘处有3个小扣钉。盂口短直，折平沿，圆唇，折肩，斜弧腹，平底。素面。

Bronze *Yu*

Mid-Spring and Autumn Period (677 BC–577 BC)
Excavated from M2111, Maojiaping Site, Gangu County, Gansu Province
Diameter at Mouth 18.8 cm | Full Height 11.2 cm
Collection of Gansu Provincial Institute of Archaeology

青铜鼎

春秋中期（公元前677年—公元前577年）
甘肃省甘谷县毛家坪遗址M2111出土
口径14.5厘米 | 通高11.4厘米
甘肃省文物考古研究所藏

敛口，方唇，平折沿，口沿上1对立耳外撇，浅腹，微圜底，三蹄足。耳上饰窃曲纹。腹部一半饰蟠虺纹，另一半饰波曲纹，二者由范线痕迹相隔。蹄足中部有箍棱1周，足跟开裂处可见泥范芯。

Bronze *Ding* Triod

Mid-Spring and Autumn Period (677 BC–577 BC)
Excavated from M2111, Maojiaping Site, Gangu County, Gansu Province
Diameter at Mouth 14.5 cm | Full Height 11.4 cm
Collection of Gansu Provincial Institute of Archaeology

青铜鼎

春秋中期（公元前677年—公元前577年）
甘肃省甘谷县毛家坪遗址M2111出土
口径14.5厘米 ｜ 通高10.8厘米
甘肃省文物考古研究所藏

敛口，方唇，平折沿，口沿上1对立耳外撇，浅腹，微圜底，三蹄足。耳面饰窃曲纹。腹部一半饰蟠虺纹，另一半饰波曲纹，二者由范线相隔。蹄足中部箍棱以上饰窃曲纹。

Bronze *Ding* Triod

Mid-Spring and Autumn Period (677 BC–577 BC)
Excavated from M2111, Maojiaping Site, Gangu County, Gansu Province
Diameter at Mouth 14.5 cm ｜ Full Height 10.8 cm
Collection of Gansu Provincial Institute of Archaeology

青铜鼎

春秋中期（公元前677年—公元前577年）
甘肃省甘谷县毛家坪遗址M2111出土
口径14.0厘米 ｜ 通高11.2厘米
甘肃省文物考古研究所藏

敛口，方唇，平折沿，口沿上1对立耳外撇，浅腹，微圜底，三蹄足。耳上饰窃曲纹。腹部一半饰蟠虺纹，另一半饰波曲纹，二者由范线痕迹相隔。蹄足中部有箍棱1周。

Bronze *Ding* Triod

Mid-Spring and Autumn Period (677 BC–577 BC)
Excavated from M2111, Maojiaping Site, Gangu County, Gansu Province
Diameter at Mouth 14.0 cm ｜ Full Height 11.2 cm
Collection of Gansu Provincial Institute of Archaeology

铲足鬲

战国（公元前475年—公元前221年）
甘肃省甘谷县毛家坪遗址M1021出土
口径16.2厘米 | 腹径18.6厘米 | 高19.4厘米
甘肃省文物考古研究所藏

夹砂褐陶。近方体，方唇，直口，短领，领部双环耳，鼓腹，连裆，裆距较大，袋足，小柱足跟。口部有戳压锯齿纹1周，有烟炱痕迹。

Pottery *Li* Tripod with Spade-shaped Feet

Warring States Period (475 BC–221 BC)
Excavated from M1021, Maojiaping Site, Gangu County, Gansu Province
Diameter at Mouth 16.2 cm | Diameter at Belly 18.6 cm | Height 19.4 cm
Collection of Gansu Provincial Institute of Archaeology

铲足鬲

战国（公元前475年—公元前221年）
陕西省黄陵县寨头河遗址M11出土
口径10.5厘米 ｜ 高12.5厘米
陕西省考古研究院藏

夹砂灰褐陶。侈口，口沿处有1只单耳，矮直领，耳顶面与口沿齐平，下折后连接于袋足上部，袋足下接3个扁铲状实足跟。素面。

Pottery *Li* Tripod with Spade-shaped Feet

Warring States Period (475 BC–221 BC)
Excavated from M11, Zhaitou River Site, Huangling County, Shaanxi Province
Diameter at Mouth 10.5 cm ｜ Height 12.5 cm
Collection of Shaanxi Provincial Institute of Archaeology

双耳罐

战国（公元前475年—公元前221年）
甘肃省甘谷县毛家坪遗址M1021出土
口径9.0厘米 | 腹径10.6厘米 | 底径6.8厘米 | 高11.5厘米
甘肃省文物考古研究所藏

夹砂褐陶。方唇，窄平沿，口微侈，颈部双环耳，深腹微鼓，平底，体较矮胖。腹部饰细浅绳纹，有烟炱痕迹。

Pottery *Guan* with Double Ears

Warring States Period (475 BC–221 BC)
Excavated from M1021, Maojiaping Site, Gangu County, Gansu Province
Diameter at Mouth 9.0 cm | Diameter at Belly 10.6 cm
Diameter at Bottom 6.8 cm | Height 11.5 cm
Collection of Gansu Provincial Institute of Archaeology

单耳罐

战国（公元前475年—公元前221年）
陕西省黄陵县寨头河遗址M11出土
口径6.0厘米 | 高8.0厘米
陕西省考古研究院藏

夹砂褐陶。直口，方唇，口沿处有1只单耳，耳顶面与口沿齐平，下折后连于上腹部，鼓腹，平底。素面。

Pottery *Guan* with Single Ear

Warring States Period (475 BC–221 BC)
Excavated from M11, Zhaitou River Site, Huangling County, Shaanxi Province
Diameter at Mouth 6.0 cm | Height 8.0 cm
Collection of Shaanxi Provincial Institute of Archaeology

罐式鬲

战国（公元前475年—公元前221年）
陕西省黄陵县寨头河遗址M51出土
口径9.5厘米 | 高13.0厘米
陕西省考古研究院藏

夹粗砂灰陶。侈口，圆唇，圆鼓腹，三矮足，腹上部有1只单耳。腹部饰绳纹。

Pottery *Li* Tripod of *Guan*-shaped
Warring States Period (475 BC–221 BC)
Excavated from M51, Zhaitou River Site, Huangling County, Shaanxi Province
Diameter at Mouth 9.5 cm | Height 13.0 cm
Collection of Shaanxi Provincial Institute of Archaeology

陶豆

战国（公元前475年—公元前221年）
陕西省黄陵县寨头河遗址M76出土
口径17.0厘米 | 腹深8.0厘米 | 通高16.5厘米
陕西省考古研究院藏

泥质灰陶。钵形豆盘，圆唇，口微内敛，深腹外鼓，细柄，喇叭口，器座较矮。口沿下有2道凹槽，器体略有变形，当系烧制时造成。

Pottery *Dou*

Warring States Period (475 BC–221 BC)
Excavated from M76, Zhaitou River Site, Huangling County, Gansu Province
Diameter at Mouth 17.0 cm | Depth of Belly 8.0 cm | Full Height 16.5 cm
Collection of Shaanxi Provincial Institute of Archaeology

陶侈口罐

战国（公元前475年—公元前221年）
陕西省黄陵县寨头河遗址M7出土
口径8.0厘米 | 高11.0厘米
陕西省考古研究院藏

夹砂灰陶。侈口，方唇，高领，圆折腹，腹壁斜直，领、腹比例约等，平底稍内凹。素面。

Pottery Openmouthed *Guan*

Warring States Period (475 BC–221 BC)
Excavated from M7, Zhaitou River Site, Huangling County, Shaanxi Province
Diameter at Mouth 8.0 cm | Height 11.0 cm
Collection of Shaanxi Provincial Institute of Archaeology

陶罐

战国（公元前475年—公元前221年）
甘肃省甘谷县毛家坪遗址M1021出土
口径8.6厘米 | 腹径11.0厘米 | 底径7.8厘米 | 高13.8厘米
甘肃省文物考古研究所藏

泥质灰陶。侈口，方圆唇，束长颈，鼓肩，下腹微内收，平底。素面。底部有刻画符号，器表经刮削修整。

Pottery *Guan*

Warring States Period (475 BC–221 BC)
Excavated from M1021, Maojiaping Site, Gangu County, Gansu Province
Diameter at Mouth 8.6 cm | Diameter at Belly 11.0 cm
Diameter at Bottom 7.8 cm | Height 13.8 cm
Collection of Gansu Provincial Institute of Archaeology

第肆部分

称霸 · 融合
Hegemony & Integration

襄公之后,秦文公继续带领秦人向西戎发起进攻。随着实力的不断增强,秦国收复了"岐以西之地",在渭河上游开始设县,加强对邦、冀之戎属地的管理,基本控制了西戎各部族。随后,他们继续向东扩张。在向东发展的过程中,秦人与更多的文化类型进行接触,并以更广阔的胸怀学习、接纳和包融,不断丰富着自己的文化内涵,最终形成明显区别于其他地域文化的秦文化。

The Lord Wen of Qin continues to lead the military campaign against the Rong. The Qin eventually capture the west land of Qi and controll most of the tribes of Western Rong. During the process of expansion to the east, the Qin people are able to interact with various cultures to enrich their own. The Qin eventually create a distinctive culture different from the Zhou culture and cultures of other regional states.

壹 称霸西戎

Hegemony over the West Rong

春秋时期，秦国成为周都以西实力强盛的诸侯国。特别是秦穆公时期，在西戎谋士由余的帮助下，逐渐征服西戎诸国，开疆辟土，形成了对西戎的军事优势。与秦国争斗了数百年的西戎土著，势力日渐衰弱，一部分南迁，一部分东迁，其余的戎人则臣服于秦，与秦人不断融合。

Qin became a powerful state in west of the Zhou capital during the Spring and Autumn Period. Duke Mu of the Qin with the help of his advisor You Yu expanded the territory and defeated the West Rong. The Rong were disintegrated and forced to relocate to the south and east. The rest of the Rong surrendered to the Qin and became part of the Qin state.

马家塬墓地

马家塬墓地位于甘肃省张家川回族自治县的马家塬上。马家塬墓地2006年一经发现,就以奢华的陪葬物震惊世人。墓地面积约2万平方米,目前已发现墓葬66座、祭祀坑2座,发掘了32座。勘探表明,马家塬墓地的整体布局经过一定的规划,墓葬以"甲"字形大型墓葬M6为中心,其他中小型墓葬在M6上部及左右呈半月形分布,墓葬方向大体一致,呈东西向。从已发掘墓葬的结构和形制分析,考古工作者将马家塬墓葬初步分为四类。第一类是中间为斜坡墓道、两侧有九级阶梯的"甲"字形竖穴木椁墓,目前只发现1座(M6)。第二类是竖穴洞室墓,这类墓葬在墓地中占绝大多数,共有40座。此类墓葬分为有阶梯式墓道和无阶梯式墓道两类,有阶梯式墓道的墓葬占多数。有阶梯式墓道的墓葬阶梯可分为1~3级、5~7级、8~9级三个等级,代表了墓葬的大小和级别。第三类是竖穴土坑墓,目前仅发现1座(M62)。第四类是竖穴棺坑墓,目前仅发现2座。从墓葬的葬式看,绝大多数墓为头向北、面向上的单人仰身直肢葬,少量为侧身直肢葬。墓葬中出土的陶、铜、金、银、铁、骨及玛瑙、绿松石、琉璃质等器物不计其数。从墓葬形制和出土遗物来看,这些墓葬的主人应为西戎贵族。

Majiayuan Cemetery

The cemetery is located at Majiayuan, Zhangjiachuan Hui Autonomous County in Gansu Province. The cemetery was discovered in 2006 and shocked the entire world. The cemetery occupied an area of 20,000 square meters including 66 tombs and 2 sacrificial pits, with 32 tombs were excavated Archaeological surveys revealed the cemetery was well-planned and the burial pits were oriented from northwest to southeast. The majority of the deceased were arranged in extended supine positions. The tombs yielded a large number of offerings made of pottery, bronze, gold, silver, iron, bone, agates, turquoise and proto-glass. The occupants of these tombs were West Rong nobles.

马家塬墓地全貌

青铜敦

战国晚期（公元前306年—公元前221年）
甘肃省张家川回族自治县马家塬墓地M18出土
口径14.6厘米 | 腹径16.3厘米 | 通高21.4厘米
甘肃省文物考古研究所藏

球形，子母口，上、下器形和纹样相同，均有3个鸟形钮和双鸟形耳。装饰纹样以2条三角卷云纹带间隔为3部分，上部饰卷云纹，中部为连续长方形卷云纹，下部为上下交错的三角纹，内填对称云纹。三角形纹饰一组以青铜为地，镶嵌黄铜丝为纹；另一组三角形以黄铜丝盘嵌为地，以青铜为纹。子口外缘亦饰上下交错的三角纹，一组三角形内填对称的复杂阴刻弧线，另一组则以绿松石镶嵌，突出青铜纹样。这件青铜敦具有典型的楚文化风格，应是多文化交流、融合的产物。

Bronze *Dui*

Late Warring States Period (306 BC–221 BC)
Excavated from M18, Majiayuan Cemetery, Hui Nationality Autonomous County of Zhangjiachuan, Gansu Province
Diameter at Mouth 14.6 cm | Diameter at Belly 16.3 cm | Full Height 21.4 cm
Collection of Gansu Provincial Institute of Archaeology

第肆部分 称霸·融合

青铜盆

战国晚期（公元前306年—公元前221年）
甘肃省张家川回族自治县马家塬墓地M18出土
口径24.6厘米 | 底径10.7厘米 | 高12.2厘米
甘肃省文物考古研究所藏

口微敛，斜平沿，斜弧腹，小圈足。腹上部饰3条带状凸棱纹，凸棱纹间饰弦纹2周，圈足内底残留有1道范线。

Bronze Basin

Late Warring States Period (306 BC–221 BC)
Excavated from M18, Majiayuan Cemetery, Hui Nationality Autonomous County of Zhangjiachuan, Gansu Province
Diameter at Mouth 24.6 cm | Diameter at Bottom 10.7 cm | Height 12.2 cm
Collection of Gansu Provincial Institute of Archaeology

青铜匜

战国晚期（公元前306年—公元前221年）
甘肃省张家川回族自治县马家塬墓地M18出土
口径12.8厘米～13.7厘米 | 高5.0厘米
甘肃省文物考古研究所藏

器身似钵，短流，平底，器壁较薄。

Bronze *Yi*

Late Warring States Period (306 BC–221 BC)
Excavated from M18, Majiayuan Cemetery, Hui Nationality Autonomous County of Zhangjiachuan, Gansu Province
Diameter at Mouth 12.8 cm～13.7 cm | Height 5.0 cm
Collection of Gansu Provincial Institute of Archaeology

蓝釉陶杯

战国晚期（公元前306年—公元前221年）
甘肃省张家川回族自治县马家塬墓地M19出土
口径5.6厘米～5.8厘米 ｜ 底径3.8厘米 ｜ 高10.0厘米
甘肃省文物考古研究所藏

侈口，尖圆唇，斜弧腹，外撇假圈足，小平底。器壁内外均施以汉蓝，釉质。身中下部饰汉紫连珠纹4周，足部饰汉紫连珠纹2周。马家塬墓地M19出土的这件蓝釉陶杯是早期玻璃器，具有明显的西方文化特征，应是西方的输入品。

Pottery Cup of Blue-glaze
Late Warring States Period (306 BC–221 BC)
Excavated from M19, Majiayuan Cemetery,
Hui Nationality Autonomous County of
Zhangjiachuan, Gansu Province
Diameter at Mouth 5.6 cm ~ 5.8 cm
Diameter at Bottom 3.8 cm ｜ Height 10.0 cm
Collection of Gansu Provincial Institute of
Archaeology

银杯套

战国晚期（公元前306年—公元前221年）
甘肃省张家川回族自治县马家塬墓地M1出土
口径6.6厘米 ｜ 底径6.2厘米 ｜ 高8.4厘米 ｜ 重64.9克
甘肃省文物考古研究所藏

单把。以长方形银片卷成筒形，结合处压金条2道，并以细金条缝合。无底。

Silver Cup-holder
Late Warring States Period (306 BC–221 BC)
Excavated from M1, Majiayuan Cemetery, Hui Nationality Autonomous County of
Zhangjiachuan, Gansu Province
Diameter at Mouth 6.6 cm ｜ Diameter at Bottom 6.2 cm ｜ Height 8.4 cm ｜ Weight 64.9 g
Collection of Gansu Provincial Institute of Archaeology

青铜耳杯

战国晚期（公元前306年—公元前221年）
甘肃省张家川回族自治县马家塬墓地M16出土
口径8.8厘米~12.9厘米 | 耳长6.6厘米 | 耳宽1.5厘米 | 高4.4厘米
甘肃省文物考古研究所藏

出土于墓室角龛内。椭圆形口，弧边长方形耳面微上斜，腹壁弧收，平底。

Bronze Ear-cup

Late Warring States Period (306 BC–221 BC)
Excavated from M16, Majiayuan Cemetery, Hui Nationality Autonomous County of Zhangjiachuan, Gansu Province
Diameter at Mouth 8.8 cm ~ 12.9 cm | Length of the Ear 6.6 cm
Width of the Ear 1.5 cm | Height 4.4 cm
Collection of Gansu Provincial Institute of Archaeology

银勺

战国晚期（公元前306年—公元前221年）
甘肃省张家川回族自治县马家塬墓地M16出土
柄长16.8厘米 | 柄宽0.8厘米~0.9厘米 | 通长23.2厘米
甘肃省文物考古研究所藏

出土时置于青铜耳杯内。梨形匙叶，前端略尖，中间内凹，末端与匙叶斜直方向接长条形柄。柄身前窄后宽，斜弧面，末端起浅台。

Silver Spoon

Late Warring States Period (306 BC–221 BC)
Excavated from M16, Majiayuan Cemetery, Hui Nationality Autonomous County of Zhangjiachuan, Gansu Province
Length of the Handle 16.8 cm | Width of the Handle 0.8 cm ~ 0.9 cm
Full Length 23.2 cm
Collection of Gansu Provincial Institute of Archaeology

人形铅俑

战国晚期（公元前306年—公元前221年）
甘肃省张家川回族自治县马家塬墓地M3出土
高7.5厘米
甘肃省文物考古研究所藏

侧身，昂首望前，双臂平伸，右腿抬起前伸，左足着地。头戴护耳尖帽，着左衽交领上衣，系腰带，脚穿长靴。

Lead Human-shaped Figure
Late Warring States Period (306 BC–221 BC)
Excavated from M3, Majiayuan Cemetery, Hui Nationality Autonomous
County of Zhangjiachuan, Gansu Province
Height 7.5 cm
Collection of Gansu Provincial Institute of Archaeology

牛形铅俑

战国晚期（公元前306年—公元前221年）
甘肃省张家川回族自治县马家塬墓地M3出土
长10.8厘米 | 高7.0厘米
甘肃省文物考古研究所藏

俯首，角弯曲向上，弓背，前腿前倾，足尖触地，后足着地。双肩和腿部饰螺旋纹。

Lead Ox-shaped Figure

Late Warring States Period (306 BC–221 BC)
Excavated from M3, Majiayuan Cemetery, Hui Nationality Autonomous County of Zhangjiachuan, Gansu Province
Length 10.8 cm | Height 7.0 cm
Collection of Gansu Provincial Institute of Archaeology

错金银铁矛

战国晚期（公元前306年—公元前221年）
甘肃省张家川回族自治县马家塬墓地M16出土
通高26.5厘米 | 刃宽4.5厘米 | 骹径3.1厘米
甘肃省文物考古研究所藏

柳叶形，锋刃，中起脊。筒（骹）部金银箔上镂刻3组三角卷云纹图案。矛身金银箔上镂刻出树形图案。

Iron Spear Inlaid with Gold and Silver
Late Warring States Period (306 BC–221 BC)
Excavated from M16, Majiayuan Cemetery, Hui Nationality Autonomous County of Zhangjiachuan, Gansu Province
Full Height 26.5 cm | Width of the Blade 4.5 cm | Diameter at Bottom 3.1 cm
Collection of Gansu Provincial Institute of Archaeology

青铜戈

战国晚期（公元前306年—公元前221年）
甘肃省张家川回族自治县马家塬墓地M1出土
通长19.5厘米 | 阑长11.0厘米 | 内长7.0厘米 | 内宽3.0厘米 | 厚0.4厘米
甘肃省文物考古研究所藏

援部狭长，中起脊，两边出刃，长胡，3个穿。内长方形，中部有1个长穿。

Bronze Ge (Dagger Axe)

Late Warring States Period (306 BC–221 BC)
Excavated from M1, Majiayuan Cemetery, Hui Nationality Autonomous County of Zhangjiachuan, Gansu Province
Full Length 19.5 cm | Length of the Rod 11.0 cm | Length of the Tang 7.0 cm
Width of the Tang 3.0 cm | Thickness 0.4 cm
Collection of Gansu Provincial Institute of Archaeology

青铜壶

战国晚期（公元前306年—公元前221年）
甘肃省张家川回族自治县马家塬墓地M14出土
口径10.0厘米 | 腹径20.4厘米 | 底径12.3厘米 | 通高29.0厘米
甘肃省张家川回族自治县博物馆藏

侈口，长束颈，圆腹，高圈足，足壁稍外撇。腹部饰凸棱3周，第一周凸棱下饰衔环铺首1对。盖上有3个鸟形捉手。

Bronze *Hu*

Late Warring States Period (306 BC–221 BC)
Excavated from M14, Majiayuan Cemetery, Hui Nationality Autonomous County of Zhangjiachuan, Gansu Province
Diameter at Mouth 10.0 cm | Diameter at Belly 20.4 cm
Diameter at Bottom 12.3 cm | Full Height 29.0 cm
Collection of Museum of Hui Nationality Autonomous County in Zhangjiachuan

青铜甗

战国晚期（公元前306年—公元前221年）
甘肃省张家川回族自治县马家塬墓地M16出土
［甑］口径28.0厘米 ｜ 底径17.6厘米 ｜ 高16.6厘米
［鬲］口径22.8厘米 ｜ 腹径28.2厘米 ｜ 高29.6厘米
甘肃省张家川回族自治县博物馆藏

甑微敛口，窄平沿，弧腹，平底，圈足。腹上部有铺首衔环1对。底部中心有平行的长条形和放射状箅孔。鬲口近直，窄平沿，直颈，袋足，弧裆，扁足跟较高。颈部有双环形耳。颈中部和颈肩处各饰弦纹1周，裆部饰竖线纹3周，袋足上饰4周半弧形弦纹和4道竖线纹，颈部中间饰1道凸棱纹。器体一侧和裆部有明显的范痕。

Bronze Yan

Late Warring States Period (306 BC–221 BC)
Excavated from M16, Majiayuan Cemetery, Hui Nationality Autonomous County of Zhangjiachuan, Gansu Province
[Zeng] Diameter at Mouth 28.0 cm ｜ Diameter at Bottom 17.6 cm ｜ Height 16.6 cm
[Li] Diameter at Mouth 22.8 cm ｜ Diameter at Belly 28.2 cm ｜ Height 29.6 cm
Collection of Museum of Hui Nationality Autonomous County in Zhangjiachuan

陶单耳罐

战国晚期（公元前306年—公元前221年）
甘肃省张家川回族自治县马家塬墓地M4出土
口径8.8厘米 | 腹径10.5厘米 | 底径6.6厘米 | 高11.0厘米
甘肃省张家川回族自治县博物馆藏

夹砂红褐陶。侈口，方圆唇，短颈微束，鼓腹，平底。口至肩部附1只环形耳。素面，有烟炱痕迹。

Pottery *Guan* with Single Ear

Late Warring States Period (306 BC–221 BC)
Excavated from M4, Majiayuan Cemetery, Hui Nationality Autonomous County of Zhangjiachuan, Gansu Province
Diameter at Mouth 8.8 cm | Diameter at Belly 10.5 cm | Diameter at Bottom 6.6 cm
Height 11.0 cm
Collection of Museum of Hui Nationality Autonomous County in Zhangjiachuan

陶铲足鬲

战国晚期（公元前306年—公元前221年）
甘肃省张家川回族自治县马家塬墓地M10出土
口径17.0厘米｜腹径22.7厘米｜高20.0厘米
甘肃省张家川回族自治县博物馆藏

夹砂红褐陶。方圆唇，窄平沿，口微侈，直领，袋足，弧裆较高，铲形足跟，附半圆形錾耳1对。领部饰蛇纹，肩部饰3道凸弦纹，裆和足部饰3道竖线及弧线纹。

Pottery *Li* Tripod with Spade-shaped Feet

Late Warring States Period (306 BC–221 BC)
Excavated from M10, Majiayuan Cemetery, Hui Nationality Autonomous County of Zhangjiachuan, Gansu Province
Diameter at Mouth 17.0 cm | Diameter at Belly 22.7 cm | Height 20.0 cm
Collection of Museum of Hui Nationality Autonomous County in Zhangjiachuan

贰 融 合 并 存

Integration and Coexistence

在秦人控制下的西戎各部族，不断地接受着秦文化及其周边文化因素的影响，丰富着自己的文化内涵。同时，作为文化的传播者，戎人也将西方文化带入东方，影响着秦文化的发展。这一点在马家塬西戎贵族墓地中表现特别明显。其所反映的多元文化因素，为我们多角度地审视战国时期戎人与秦及北方草原文化，以及东西方文化因素相互间的交流、渗透，有着极其重要的意义。

Under the control of the Qin, the West Rong tribes absorb the Qin culture and cultures nearby to enrich their own. The Rong bring the culture from the west to the east and enrich the Qin culture. Materials remain from the Majiayuan cemetery of the West Rong nobility display the diversity of the culture and make us further explore the interaction and integration of the Qin, the Rong and the steppe culture in the Warring States Period.

奇美装饰

先秦时期，中原文化主要崇尚青铜器和玉器，金银物品处于次要地位；而在北方民族中，金银器比青铜器和玉器更受青睐，这种习俗可能是受中亚、西亚甚至地中海古文明的影响。早期北方民族非常重视用金属饰物装扮自己，并将生前佩戴过的饰物在死后一起埋葬。北方民族使用的装饰品包括头饰（含耳饰）、项饰、服饰等，这些装饰品不仅数量和种类繁多，而且制作精美，造型富于变化。这些精美绝伦的装饰品，为我们再现了两千多年前西戎族群的装饰习俗，以及他们精湛的工艺、技艺。

Exquisite Ornaments

Bronzes and jades are the most favorite artifacts in the Central Plain before the unification of the Qin. Among the northern tribes, gold and silver are preferred. This inclination likely comes from Central and West Asia and even the Mediterranean world. Metal ornaments are worn in the lifetime by the northern tribes and often buried with the owners when they passed away. These ornaments include headgears (including earrings), necklaces and appliques. They are rich in quantity and variety and display exquisite designs and superb techniques of the West Rong tribes over 2,000 year ago.

M16——中型墓葬，是有九级阶梯的竖穴偏洞室墓。竖穴中自东向西埋葬有4乘车，车辆相互叠压。墓主置于后室中部，棺木已朽。经初步鉴定，墓主为男性，年龄约40岁。葬式为仰身直肢，头北脚南。墓主头部周围撒有金花，头顶有圆形金饰件，戴金耳环，佩戴金银半环形项饰，右臂有金臂钏，腰部有饰金带饰的腰带3条和金带钩，足底有银质鞋底1双，腿部有大量铜"十"字形管饰和铜铃，身体周围和上面发现大量排列有规律的汉紫和汉蓝珠饰。

M16—A medium-sized catacomb tomb of a nine-stepped ramp. Four chariots are laying from the east to west in the burial chamber. The tomb owner is placed in the middle of the rear chamber with the head oriented toward the north. The wooden coffin containing the body is already rotten. The tomb owner is identified as a 40-year-old male in an extended supine position. He wears round gold ornaments on the head, gold earrings, a gold and silver crescent pendant, a gold armlet on the right arm. Gold flowers are also found around the head. Around the waist are three gold belts and a gold belt hook. He also wears a pair of shoes of silver soles. A large number of bronze tube ornaments and bells are scattered on the legs. Purple and blue beads are arranged regularly on the upside and around the body.

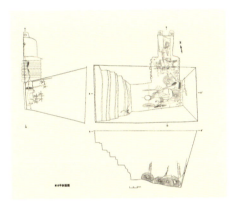

马家塬墓地M16发掘现场及其平、剖面图

马家塬墓地M16墓主

金环、银环

战国晚期（公元前306年—公元前221年）
甘肃省张家川回族自治县马家塬墓地M16出土
直径2.6厘米 | 重10.1克
直径2.8厘米 | 重11.6克
甘肃省文物考古研究所藏

金环，由粗圆金条的两端对接成圆环形。银环，由粗圆银条对接成圆环形，接缝紧密，表面镀金，纹如丝带缠绕。

Gold and Silver Loops

Late Warring States Period (306 BC–221 BC)
Excavated from M16, Majiayuan Cemetery, Hui Nationality Autonomous County of Zhangjiachuan, Gansu Province
Diameter 2.6 cm | Weight 10.1 g
Diameter 2.8 cm | Weight 11.6 g
Collection of Gansu Provincial Institute of Archaeology

绿松石金耳坠

战国晚期（公元前306年—公元前221年）
甘肃省张家川回族自治县马家塬墓地M16出土
通高4.7厘米 | 环径2.0厘米 | 单件重6.88克
甘肃省文物考古研究所藏

由三部分组成。第一部分为最上端的金圆环；第二部分由1个小绿松石珠、2个半球形肉红石髓珠、2片圆形金片和夹在其间的绿松石圆珠组成；第三部分为圆饼形金片，金片中部以"S"形金丝区隔成两部分，分别镶嵌肉红石髓和绿松石，形成类似太极图的图案，下端有小环。耳环柄部、金片和圆饼形金片周缘均焊接有小金珠。

Gold Earrings with Kallaites

Late Warring States Period (306 BC–221 BC)
Excavated from M16, Majiayuan Cemetery, Hui Nationality Autonomous County of Zhangjiachuan, Gansu Province
Full Height 4.7 cm | Diameter of the Ring 2.0 cm | Weight of Single Ring 6.88 g
Collection of Gansu Provincial Institute of Archaeology

金臂钏

战国晚期（公元前306年—公元前221年）
甘肃省张家川回族自治县马家塬墓地M16出土
长9.5厘米 | 直径4.8厘米～6.6厘米 | 重159.0克
甘肃省文物考古研究所藏

Gold Arm Loop
Late Warring States Period (306 BC–221 BC)
Excavated from M16, Majiayuan Cemetery, Hui Nationality Autonomous
County of Zhangjiachuan, Gansu Province
Length 9.5 cm | Diameter 4.8 cm ~ 6.6 cm | Weight 159.0 g
Collection of Gansu Provincial Institute of Archaeology

银项圈

战国晚期（公元前306年—公元前221年）
甘肃省张家川回族自治县马家塬墓地M16出土
长24.0厘米 | 宽17.8厘米 | 环带宽5.4厘米 | 重146.0克
甘肃省文物考古研究所藏

出土于墓主胸前。由银片锤鍱成半环形，微卷边，两端各有2个穿孔。素面，经打磨、抛光处理。

Silver Neck-ring

Late Warring States Period (306 BC–221 BC)
Excavated from M16, Majiayuan Cemetery, Hui Nationality Autonomous County of Zhangjiachuan, Gansu Province
Length 24.0 cm | Width 17.8 cm | Width of the Ring Band 5.4 cm
Weight 146.0 g
Collection of Gansu Provincial Institute of Archaeology

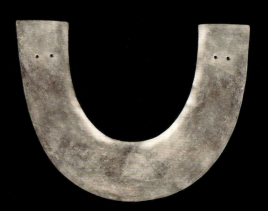

金项圈

战国晚期（公元前306年—公元前221年）
甘肃省张家川回族自治县马家塬墓地M16出土
长24.0厘米 | 宽16.8厘米 | 环带宽5.2厘米～5.4厘米 | 重145.0克
甘肃省文物考古研究所藏

与银项圈一同出土于墓主胸前。由金片锤鍱成半环形，微卷边，两端各有2个穿孔。素面，正面经打磨、抛光处理。

Gold Neck-ring

Late Warring States Period (306 BC–221 BC)
Excavated from M16, Majiayuan Cemetery, Hui Nationality Autonomous County of Zhangjiachuan, Gansu Province
Length 24.0 cm | Width 16.8 cm | Width of the Ring Band 5.2 cm ~ 5.4 cm
Weight 145.0 g
Collection of Gansu Provincial Institute of Archaeology

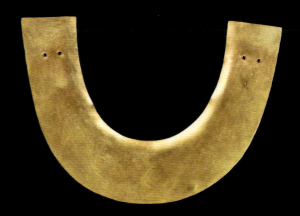

卷云纹金帽饰

战国晚期（公元前306年—公元前221年）
甘肃省张家川回族自治县马家塬墓地M16出土
直径5.1厘米 | 厚0.5厘米 | 重7.0克
甘肃省文物考古研究所藏

置于墓主头顶部。用薄金片剪切成圆形，沿内折。近边缘錾刻1周凸棱，内錾刻向心的3组卷云纹，饰以圆点纹。中部有2个穿孔，折边1周穿孔。

Gold Hat-shaped Ornament with Relative-curling-cloud Design

Late Warring States Period (306 BC–221 BC)
Excavated from M16, Majiayuan Cemetery, Hui Nationality Autonomous County of Zhangjiachuan, Gansu Province
Diameter 5.1 cm | Thickness 0.5 cm | Weight 7.0 g
Collection of Gansu Provincial Institute of Archaeology

金凤鸟纹银带扣

战国晚期（公元前306年—公元前221年）
甘肃省张家川回族自治县马家塬墓地M16出土
长6.8厘米 | 宽5.4厘米 | 厚0.12厘米 | 重20.43克
甘肃省文物考古研究所藏

出土2件。两件带扣的形制、纹饰基本相同。呈椭圆环形，用银片锤鍱、錾刻制成。中部环边呈锯齿状。两侧半环略宽，表面錾刻边框，框内填以金箔勾连凤鸟纹。

Silver Belt Buckle with Golden Phoenix Design

Late Warring States Period (306 BC–221 BC)
Excavated from M16, Majiayuan Cemetery, Hui Nationality Autonomous County of Zhangjiachuan, Gansu Province
Length 6.8 cm | Width 5.4 cm | Thickness 0.12 cm | Weight 20.43 g
Collection of Gansu Provincial Institute of Archaeology

金带钩

战国晚期（公元前306年—公元前221年）
甘肃省张家川回族自治县马家塬墓地M16出土
长20.0厘米 | 宽7.2厘米～7.6厘米 | 重228.0克
甘肃省文物考古研究所藏

Gold Belt Hook

Late Warring States Period (306 BC–221 BC)
Excavated from M16, Majiayuan Cemetery, Hui Nationality Autonomous County of Zhangjiachuan, Gansu Province
Length 20.0 cm | Width 7.2 cm ~ 7.6 cm | Weight 228.0 g
Collection of Gansu Provincial Institute of Archaeology

铸造。钩首呈长颈龙首状，颈为三棱状。肩部三角形边框内镂空雕铸对称的狼形图案，狼呈倒立状，头向下，张嘴，竖耳，前腿前伸，躯干后部向上翻转，尾斜伸，尾稍卷曲。钩身为长方形，有长方形边框，边框内镂空雕铸1组正反对称的虎噬大角羊图案。虎侧身，头向左偏，眼圆睁，两耳直竖，嘴咬在羊脖颈处，前左爪抓住羊前右足，前右爪和后左爪踩羊头，左后腿向后蹬，尾向后翻卷，似凌空做扑杀状。羊略向左侧翻，头向上翻卷，前右腿前伸，左腿屈于腹下，左后腿向上翻转，右腿后蹬，呈被扑倒后的挣扎状。边框及动物的躯干上有三角形、卷云形等不同镂空图案，内镶嵌肉红石髓，填以朱砂。

牌形金带饰

战国晚期（公元前306年—公元前221年）
甘肃省张家川回族自治县马家塬墓地M16出土
甘肃省文物考古研究所藏

Gold Belt Ornament
Late Warring States Period (306 BC–221 BC)
Excavated from M16, Majiayuan Cemetery, Hui Nationality Autonomous
County of Zhangjiachuan, Gansu Province
Collection of Gansu Provincial Institute of Archaeology

126

第肆部分 称霸・融合

豪华配车

在马家塬西戎贵族墓地已发掘的未被盗掘的墓葬中,约有75%的墓葬内随葬有数量不等的车辆,迄今为止共发现49辆。可以说,在出土器物中,车马器占绝大多数。随葬车辆富丽堂皇、美轮美奂,其豪华程度在国内同时期的墓葬中极为罕见。依据同时出土的随葬器物及马车的形制分析,马家塬墓葬出土的马车应具有欧亚腹地及北方草原和中原地区的多种文化因素。墓葬的规模、随葬车辆的数量,表明了墓主人的身份和地位。诸多墓葬中有较严格的等级差别,但在马车的装饰方面并没有严格的等级限制,这或许与墓主人财富的多寡有关。

Luxury Chariots

Among all artifacts unearthed from the Majiayuan cemetery, chariot and horse fittings are the richest. The chariots look beautiful and extravagant and are the most impressive among all chariots of the time that have been found. The chariots from Majiayuan display the characteristics of the culture from both the northern steppe and the Central Plain. The scale of the tombs and the number of the chariots mark the identity and status of their owner. There are clear hierarchies among the tombs. Ornamentations of the chariots, however, are probably not regulated and they are related to the wealth of the tomb occupants.

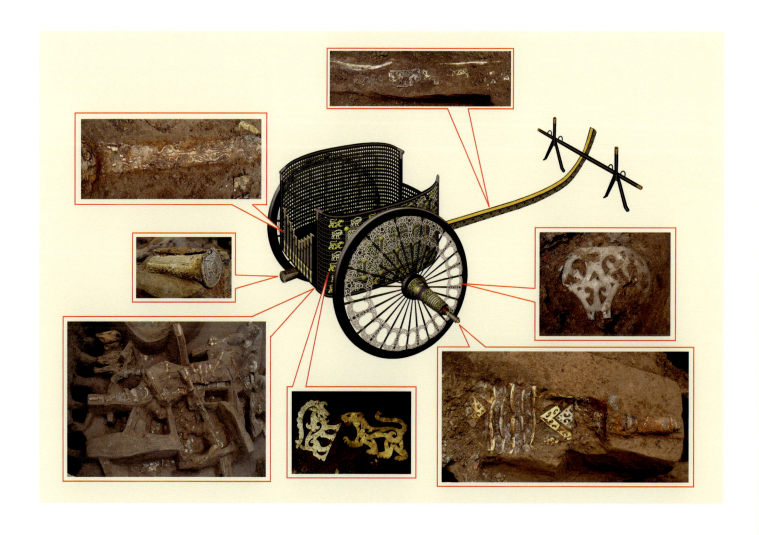

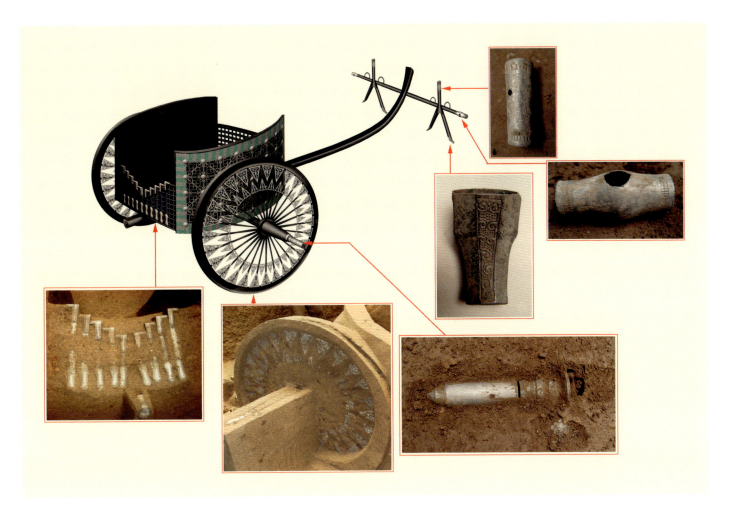

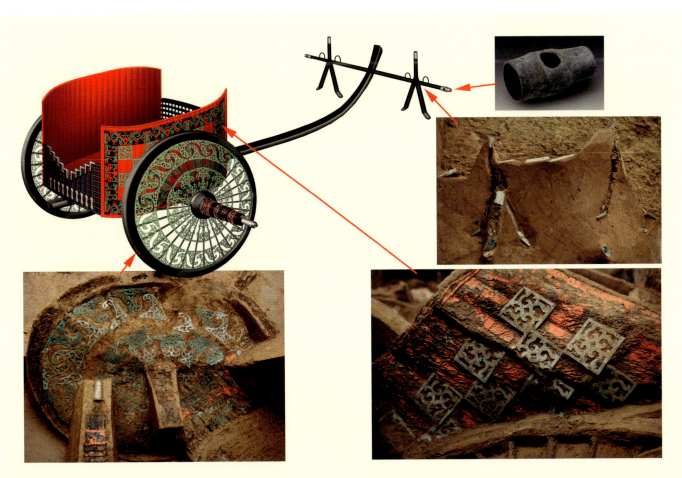

第肆部分 称霸·融合

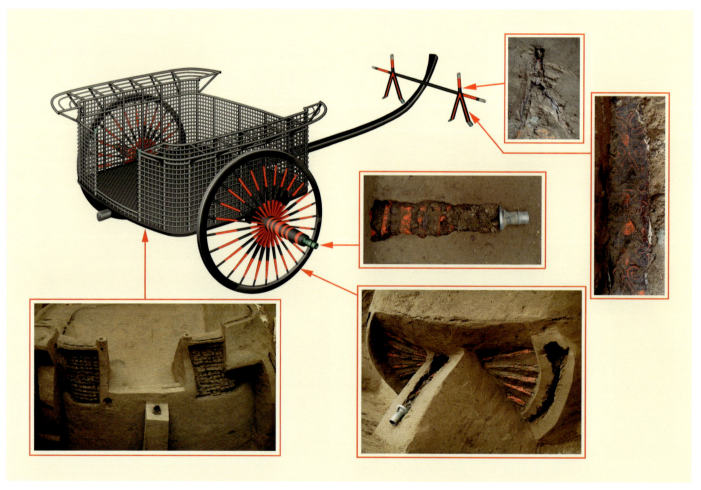

錽银铁泡

战国晚期（公元前306年—公元前221年）
甘肃省张家川回族自治县马家塬墓地M1出土
直径7.7厘米
甘肃省文物考古研究所藏

圆形，弧面，中有一凸起的馒头形钮，中有孔。银箔上，中间镂刻太阳纹，周边镂刻忍冬纹。

Iron *Pao* with Silver Inlaid

Late Warring States Period (306 BC–221 BC)
Excavated from M1, Majiayuan Cemetery, Hui Nationality Autonomous County of Zhangjiachuan, Gansu Province
Diameter 7.7 cm
Collection of Gansu Provincial Institute of Archaeology

方形铁錽银车饰

战国晚期（公元前306年—公元前221年）
甘肃省张家川回族自治县马家塬墓地M1出土
长5.5厘米
甘肃省文物考古研究所藏

方形，银箔正面镂刻虎面纹，背面四角有铁钉窝。

Iron Trapezoid Chariot Ornament

Late Warring States Period (306 BC–221 BC)
Excavated from M1, Majiayuan Cemetery, Hui Nationality Autonomous County of Zhangjiachuan, Gansu Province
Length 5.5 cm
Collection of Gansu Provincial Institute of Archaeology

铁错金银车軎

战国晚期（公元前306年—公元前221年）
甘肃省张家川回族自治县马家塬墓地M1出土
口径9.2厘米 ｜ 通高9.1厘米
甘肃省文物考古研究所藏

軎口起薄台，呈喇叭形，有对穿条形辖孔。軎后段呈管状，饰凸宽带格栏1周，上贴金箔。其余部位在金银箔上镂刻忍冬纹。

Iron *Chewei* with Gold and Silver Inlaid

Late Warring States Period (306 BC–221 BC)
Excavated from M1, Majiayuan Cemetery, Hui Nationality Autonomous County of Zhangjiachuan, Gansu Province
Diameter at Mouth 9.2 cm ｜ Full Height 9.1 cm
Collection of Gansu Provincial Institute of Archaeology

铁错金轭首饰

战国晚期（公元前306年—公元前221年）
甘肃省张家川回族自治县马家塬墓地M1出土
直径2.5厘米 ｜ 高7.5厘米
甘肃省文物考古研究所藏

以铁片锻打卷曲成圆筒状，以金箔片饰变体鸟纹2周，中间饰窄带金格栏1周。

Iron Ornament of E-head with Gold Inlaid

Late Warring States Period (306 BC–221 BC)
Excavated from M1, Majiayuan Cemetery, Hui Nationality Autonomous County of Zhangjiachuan, Gansu Province
Diameter 2.5 cm ｜ Height 7.5 cm
Collection of Gansu Provincial Institute of Archaeology

梯形錽铁金银车舆后挡饰

战国晚期（公元前306年—公元前221年）
甘肃省张家川回族自治县马家塬墓地M1出土
长10.0厘米 | 宽4.8厘米～6.5厘米
甘肃省文物考古研究所藏

连接舆侧板与后门饰之间的加固构件。梯形，中部左右两端有1个矩形孔。饰3排横向排列的金、银箔交替的长方形，长方形内的金、银箔上镂刻忍冬纹。

Iron Ornament of Back Door of *Cheyu* with Gold and Silver Inlaid

Late Warring States Period (306 BC–221 BC)
Excavated from M1, Majiayuan Cemetery, Hui Nationality Autonomous County of Zhangjiachuan, Gansu Province
Length 10.0 cm | Width 4.8 cm～6.5 cm
Collection of Gansu Provincial Institute of Archaeology

铁錽金银车舆前挡饰

战国晚期（公元前306年—公元前221年）
甘肃省张家川回族自治县马家塬墓地M16出土
长29.2厘米 | 宽4.4厘米～4.8厘米
甘肃省文物考古研究所藏

长条形，两端呈圆饼状，残断。头端以金、银箔片錾刻2只相交的格里芬，中段为虎与格里芬相斗纹饰。

Iron Ornament of Front-board of *Cheyu* with Gold and Silver Inlaid

Late Warring States Period (306 BC–221 BC)
Excavated from M16, Majiayuan Cemetery, Hui Nationality Autonomous County of Zhangjiachuan, Gansu Province
Length 29.2 cm | Width 4.4 cm～4.8 cm
Collection of Gansu Provincial Institute of Archaeology

铁鋄金银车舆后门饰

战国晚期（公元前306年—公元前221年）
甘肃省张家川回族自治县马家塬墓地M14出土
甘肃省文物考古研究所藏

1组3件，共10组，装饰于车后门木质棂格立面。每组器物的形状由上至下依次为：折角形、条形、圆头亚腰形，皆由铁片锻打成形。条形铁饰上端穿扣于折角形铁饰背面卷沿内，下端叠压在圆头亚腰形铁饰之下。

折角形铁饰长9.3厘米，上宽6.7厘米，下宽3.2厘米，銎径2厘米；横端有短圆銎，背面下端有扁銎，竖端扁平，弧脊；以金箔为边框和隔断，框内饰金、银箔交替的四边形镂空忍冬纹。条形铁饰最外侧者长20厘米，宽2.6厘米~3.8厘米；两端呈弯月铲形，中部略收腰，弧脊；以银箔为边框，内饰金、银箔交替的三角形镂空卷云纹；背面上、下端各有2个钉。圆头亚腰形铁饰长12.8厘米，宽3.5厘米~5.1厘米；弧脊，下端略宽于上端；以金箔为边框，中部填四边形内金、银箔交替的镂空卷云纹，金箔边框上錾刻细卷云纹，背面上下可见冲压铁钉形成的窝痕。

Iron Ornament of Back Door of *Cheyu* with Gold and Silver Inlaid

Late Warring States Period (306 BC–221 BC)
Excavated from M14, Majiayuan Cemetery, Hui Nationality Autonomous County of Zhangjiachuan, Gansu Province
Collection of Gansu Provincial Institute of Archaeology

车舆栏板饰

战国晚期（公元前306年—公元前221年）
甘肃省张家川回族自治县马家塬墓地M3出土
长63.8厘米 | 宽29.5厘米
甘肃省文物考古研究所藏

由错金铁条、银花饰和包金铜泡组成。银花饰为方形，以薄银片剪切、镂刻而成，方框内镂刻出相互勾连的"S"形组成忍冬图案。方形银花饰上压错金铁条，四角再以包金铜泡固定。

Ornament of Sideboard of *Cheyu*

Late Warring States Period (306 BC–221 BC)
Excavated from M3, Majiayuan Cemetery, Hui Nationality Autonomous County of Zhangjiachuan, Gansu Province
Length 63.8 cm | Width 29.5 cm
Collection of Gansu Provincial Institute of Archaeology

包金镀锡铜车軎

战国晚期（公元前306年—公元前221年）
甘肃省张家川回族自治县马家塬墓地M14出土
口径6.5厘米 ｜ 通高7.7厘米
甘肃省文物考古研究所藏

套装于M14-1号车车轴两端，由軎、辖及軎帽组成。軎口起高台，呈喇叭形，有条形辖孔，后段管状，饰凸宽带格栏2周，栏间贴饰金箔2周。牛首形长辖，两端各有1个圆穿。軎帽呈筒状，末端收棱2道，成锥体。表面镀锡。

Bronze *Chewei* of Square Ornament of Gold-plated and Tin-gilded

Late Warring States Period (306 BC–221 BC)
Excavated from M14, Majiayuan Cemetery, Hui Nationality Autonomous County of Zhangjiachuan, Gansu Province
Diameter at Mouth 6.5 cm ｜ Full Height 7.7 cm
Collection of Gansu Provincial Institute of Archaeology

狼形铁錽银车轸饰

战国晚期（公元前306年—公元前221年）
甘肃省张家川回族自治县马家塬墓地M14出土
长7.7厘米 | 宽4.4厘米
甘肃省文物考古研究所藏

装饰于车轸外侧面与车軨跟部。在锻打的长方形镂空铁片上錾刻狼形银箔。银狼昂首，口大张，露出獠牙，杏眼，立耳，右前足抬起，三足着地，足部有4只硕大的利爪，长尾向前翻卷至肩部。狼身饰镂空卷云纹和半月纹。

Iron Chariot Ornament of Wolf-shaped with Silver Inlaid
Late Warring States Period (306 BC–221 BC)
Excavated from M14, Majiayuan Cemetery, Hui Nationality Autonomous County of Zhangjiachuan, Gansu Province
Length 7.7 cm | Width 4.4 cm
Collection of Gansu Provincial Institute of Archaeology

"十"字形金车舆饰

战国晚期（公元前306年—公元前221年）
甘肃省张家川回族自治县马家塬墓地M3出土
长7.5厘米 | 宽7.4厘米 | 重2.69克
甘肃省文物考古研究所藏

出土2件，它们的形制、纹饰均相同。以薄金片剪切而成，锤打出装饰纹样。"十"字中心由4个卷云纹相接，其余部位饰三角卷云纹，四端有孔。

Gold Foil Ornament of Cross-shaped

Late Warring States Period (306 BC–221 BC)
Excavated from M3, Majiayuan Cemetery, Hui Nationality Autonomous
County of Zhangjiachuan, Gansu Province
Length 7.5 cm | Width 7.4 cm | Weight 2.69 g
Collection of Gansu Provincial Institute of Archaeology

铜伞杆箍

战国晚期（公元前306年—公元前221年）
甘肃省张家川回族自治县马家塬墓地M1出土
直径4.4厘米 | 高7.0厘米
甘肃省文物考古研究所藏

1套2件。筒形，一端有方形子母扣上下扣合，上、下段各饰凸棱1周，中部有圆形楔孔1对。饰镀锡等腰三角形。

Bronze Hoops of Umbrella-pole

Late Warring States Period (306 BC–221 BC)
Excavated from M1, Majiayuan Cemetery, Hui Nationality Autonomous
County of Zhangjiachuan, Gansu Province
Diameter 4.4 cm | Height 7.0 cm
Collection of Gansu Provincial Institute of Archaeology

铁錽金马镳

战国晚期（公元前306年—公元前221年）
甘肃省张家川回族自治县马家塬墓地M1出土
长25.3厘米 | 宽5.0厘米
甘肃省文物考古研究所藏

马镳呈双鸟首形。两端金、银箔上镂刻出巨喙鸟头。

Iron *Mabiao* with Gold Inlaid

Late Warring States Period (306 BC–221 BC)
Excavated from M1, Majiayuan Cemetery, Hui Nationality Autonomous County of Zhangjiachuan, Gansu Province
Length 25.3 cm | Width 5.0 cm
Collection of Gansu Provincial Institute of Archaeology

双鸟形铜车轮饰

战国晚期（公元前306年—公元前221年）
甘肃省张家川回族自治县马家塬墓地M16出土
底边长23.4厘米 | 高12.0厘米
甘肃省文物考古研究所藏

为相望的变形双鸟纹，内饰镂空的相互勾连弯钩纹。短边朝向轮心，长弧边朝向牙面。由其两两相接组成的环带装饰于轮面的近车毂端。

Bronze Wheel Ornament of Double-bird-shaped
Late Warring States Period (306 BC–221 BC)
Excavated from M16, Majiayuan Cemetery, Hui Nationality
Autonomous County of Zhangjiachuan, Gansu Province
Length 23.4 cm | Height 12.0 cm
Collection of Gansu Provincial Institute of Archaeology

鸟首形铜车轮饰

战国晚期（公元前306年—公元前221年）
甘肃省张家川回族自治县马家塬墓地M16出土
长23.2厘米 | 高17.2厘米
甘肃省文物考古研究所藏

呈巨喙鸟首形，内镂空出相互勾连的"S"形纹。可分两类，一类底边微外弧，顶尖朝向轮心；一类底边微内凹，顶尖向牙。这两类饰件两两相错，鸟喙相交，底边相接，组成带状圆环装饰于车轮表面。

Bronze Wheel Ornament of Bird-head-shaped
Late Warring States Period (306 BC–221 BC)
Excavated from M16, Majiayuan Cemetery, Hui Nationality Autonomous County of Zhangjiachuan, Gansu Province
Length 23.2 cm | Height 17.2 cm
Collection of Gansu Provincial Institute of Archaeology

方形铜车舆饰

战国晚期（公元前306年—公元前221年）
甘肃省张家川回族自治县马家塬墓地M16出土
边长12.8厘米～13.0厘米
甘肃省文物考古研究所藏

贴饰于车舆栏板面，共4行9列，间隔分布。正方形边框内饰4组首部两两相接的镂空变形鸟纹。

Bronze Square Ornament of *Cheyu*

Late Warring States Period (306 BC–221 BC)
Excavated from M16, Majiayuan Cemetery, Hui Nationality Autonomous County of Zhangjiachuan, Gansu Province
Length of Side 12.8 cm ~ 13.0 cm
Collection of Gansu Provincial Institute of Archaeology

鸟首形金车轮饰

战国晚期（公元前306年—公元前221年）
甘肃省张家川回族自治县马家塬墓地M3出土
每件高6.1厘米 | 每件宽3.7厘米 | 总重24.11克
甘肃省张家川回族自治县博物馆藏

共14对28件，为变体鸟首形金饰。它们可组成带状圆环，装饰于车轮表面。以薄金片剪切、镂刻成形，表面錾刻数道曲线。鸟首内镂空出相互勾连的"S"形组成的变体鸟纹。周边有钉孔。

Gold Wheel Ornaments of Bird-head-shaped

Late Warring States Period (306 BC–221 BC)
Excavated from M3, Majiayuan Cemetery, Hui Nationality Autonomous County of Zhangjiachuan, Gansu Province
Height of Single 6.1 cm | Width of Single 3.7 cm | Total Weight 24.11 g
Collection of Museum of Hui Nationality Autonomous County in Zhangjiachuan

狼形银车舆饰

战国晚期（公元前306年—公元前221年）
甘肃省张家川回族自治县马家塬墓地M5出土
长7.7厘米 | 高6.0厘米 | 重1.81克
甘肃省文物考古研究所藏

以银箔片剪切成形。昂首，嘴大张，露锯齿状獠牙，眼镂空成杏核形，耳向后卷曲，与向前翻卷的尾相接。四足前后交错，呈行走状。吻部錾刻短线形胡须，耳面錾刻圆点，足部錾刻斜线利爪，躯干錾刻曲线。前下角有一孔。

Silver Ornament of Wolf-shaped

Late Warring States Period (306 BC–221 BC)
Excavated from M5, Majiayuan Cemetery, Hui Nationality Autonomous County of Zhangjiachuan, Gansu Province
Length 7.7 cm | Height 6.0 cm | Weight 1.81 g
Collection of Gansu Provincial Institute of Archaeology

鹿形银车舆饰

战国晚期（公元前306年—公元前221年）
甘肃省张家川回族自治县马家塬墓地M5出土
长6.7厘米 | 高6.5厘米 | 重1.73克
甘肃省文物考古研究所藏

以银箔片剪切成形。昂首，压印出杏核形眼，柳叶耳。大角向后伸展，与上翘、弯曲的尾部相接。四足交错，做前行状。颈部錾刻细线和圆点，身躯錾刻曲线，足部錾刻短竖线纹。

Silver Ornament of Deer-shaped

Late Warring States Period (306 BC–221 BC)
Excavated from M5, Majiayuan Cemetery, Hui Nationality Autonomous County of Zhangjiachuan, Gansu Province
Length 6.7 cm | Height 6.5 cm | Weight 1.73 g
Collection of Gansu Provincial Institute of Archaeology

虎形金车舆饰

战国晚期（公元前306年—公元前221年）
甘肃省张家川回族自治县马家塬墓地M3出土
长7.6厘米｜高5.0厘米｜重3.0克
长7.6厘米｜高5.2厘米｜重3.0克
甘肃省张家川回族自治县博物馆藏

以薄金片剪切成形。居左者，四足着地，呈行走状，张嘴；鬃毛末梢卷曲成弯钩状，尾向上卷于背部，末梢亦呈弯钩状，与鬃毛方向相背；肢体上錾刻有短线和曲线。居右者，与居左者形状相仿，下颚略不同，呈圆形。

Gold Ornaments of Tiger-shaped
Late Warring States Period (306 BC–221 BC)
Excavated from M3, Majiayuan Cemetery, Hui Nationality Autonomous County of Zhangjiachuan, Gansu Province
Length 7.6 cm | Height 5.0 cm | Weight 3.0 g
Length 7.6 cm | Height 5.2 cm | Weight 3.0 g
Collection of Museum of Hui Nationality Autonomous County in Zhangjiachuan

大角羊形银车舆饰

战国晚期（公元前306年—公元前221年）
甘肃省张家川回族自治县马家塬墓地M3出土
长6.9厘米 | 高7.5厘米 | 重2.0克
甘肃省文物考古研究所藏

以薄银片剪切成形。头前伸，圆眼，竖耳，花边形大角向后弯曲，颈部和背前部的毛向前弯曲成鸟喙形，尾上翘。四足着地，前后交错，呈行走状。额前部有类似璎珞的物体。右前肢残断。以身体形錾刻数道曲线，唇部和右前足錾刻圆点。周缘有小孔。

Silver Ornaments of *Cheyu* of Bighorn-shaped
Late Warring States Period (306 BC–221 BC)
Excavated from M3, Majiayuan Cemetery, Hui Nationality Autonomous County of Zhangjiachuan, Gansu Province
Length 6.9 cm | Height 7.5 cm | Weight 2.0 g
Collection of Gansu Provincial Institute of Archaeology

大角羊形铜车舆饰

战国晚期（公元前306年—公元前221年）
甘肃省张家川回族自治县马家塬墓地M1出土
长5.2厘米 | 高5.0厘米
甘肃省张家川回族自治县博物馆藏

头前伸，杏眼，张嘴，竖耳，四足交错，呈行走状，尾上翘，花边形大角弯曲至背中部，背部有突起的鸟喙形饰。在大角羊形铜车舆饰的背面有固定用的带状桥形钮。

Bronze Ornaments of *Cheyu* of Bighorn-shaped

Late Warring States Period (306 BC–221 BC)
Excavated from M1, Majiayuan Cemetery, Hui Nationality Autonomous County of Zhangjiachuan, Gansu Province
Length 5.2 cm | Height 5.0 cm
Collection of Museum of Hui Nationality Autonomous County in Zhangjiachuan

参考文献 Reference

秦文化

林剑鸣:《秦史稿》,上海:上海人民出版社,1981年。

赵化成:《寻找秦文化渊源的新线索》,载《文博》1987年第1期,第1-8页。

林剑鸣:《秦俑效应和秦文化的整合》,载《文博》1989年第4期,第10-19页。

王子今:《秦人经营的陇山通路》,载《文博》1990年第5期,第212-219页。

袁仲一:《从考古资料看秦文化的发展和主要成就》,载《文博》1990年第5期,第7-18页。

郭向东:《嬴秦西迁问题新探》,出自《秦文化论丛:第三辑》,西安:西北大学出版社,1994年,第344-354页。

黄留珠:《秦文化二源说》,载《西北大学学报(哲学社会科学版)》1995年第25卷第3期,第28-35页。

黄留珠:《重新认识秦文化》,载《西北大学学报(哲学社会科学版)》1996年第26卷第2期,第1-6页。

滕铭予:《秦文化的考古学发现与研究》,载《华夏考古》1998年第4期,第63-72页。

梁云:《秦文化的发现、研究和反思》,载《中国历史文物》2000年第2期,第65-71页。

刘军社:《从考古遗存看早期周秦文化的关系》,载《考古与文物》2000年第5期,第32-38页。

王学理,梁云:《秦文化》,北京:文物出版社,2001年。

徐日辉:《甘肃东部秦早期文化的新认识》,载《考古与文物》2001年第3期,第53-58页。

滕铭予:《从考古学看中国古代从封国到帝国的转变》,载《吉林大学社会科学学报》2003年第43卷第5期,第81-85页。

滕铭予:《咸阳塔儿坡秦墓地再探讨》,载《北方文物》2004年第4期,第7-14页。

张天恩:《甘肃礼县秦文化调查的一些认识》,载《考古与文物》2004年第6期,第76-80页。

徐卫民:《出土文献与秦文化研究》,载《河南科技大学学报(社会科学版)》2006年第24卷第1期,第5-12页。

王志友:《早期秦文化研究》,西北大学2007年博士学位论文。

黄留珠:《进入21世纪以来的早秦文化研究》,载《社会科学评论》2007年第1期,第119-122页。

梁云:《从秦文化的转型看考古学文化的突变现象》,载《华夏考古》2007年第3期,第103-113页。

黄栋法：《秦文化重要特征探析》，载《西安财经学院学报》2007年第20卷第5期，第11-15页。

王辉：《寻找秦人之前的秦人——以甘肃礼县大堡子山为中心的考古调查发掘记》，载《中国文化遗产》2008年第2期，第75-82、7页。

早期秦文化联合考古队：《甘肃礼县三座周代城址调查报告》，载《古代文明（辑刊）》2008年，第323-362、369-377页。

田静：《十年来秦始皇陵考古与秦文化研究评述》，载《西安财经学院学报》2009年第1期，第93-96页。

张天恩：《礼县等地所见早期秦文化遗存有关问题刍论》，载《文博》2001年第3期，第67-75页。

刘云辉：《陕西出土的古代玉器——春秋战国篇》，载《四川文物》2010年第5期第1-19页。

黄留珠：《百年来的秦史研究》，载《咸阳师范学院学报》2010年第25卷第3期，第1672-2914页。

王子今：《秦文化的超地域特征和跨时代意义》，载《长安大学学报（社会科学版）》2010年第12卷第3期，第1-5页。

王绍东：《论游牧文化对秦文化的影响与秦对游牧文化的整合》，载《北方民族大学学报（哲学社会科学版）》2011年第2期，第14-19页。

赵化成：《秦人从哪里来　寻踪早期秦文化》，载《中国文化遗产》2013年第2期，第39-47页。

赵俊川，赵琪伟，张小平：《甘肃秦文化遗存及内在特质初探》，载《鸡西大学学报》2012年第12卷第9期，第147-148页。

史党社：《日出西山——秦人历史新探》，西安：陕西人民出版社，2013年。

杨建华：《略论秦文化与北方文化的关系》，载《考古与文物》2013年第1期，第45-51页。

于焕金：《秦墓中出土的S形饰研究》，载《考古与文物》2013年第5期，第101-107页。

梁云：《秦文化重要遗址甘谷毛家坪》，载《大众考古》2013年第5期，第16-17页。

王子今：《秦文化的历史回视与当下省思（专题讨论）：秦文化的时代意义和历史影响》，载《河北学刊》2013年第33卷第4期，第47-51页。

王志友：《早期秦文化与域外文化、北方草原文化的交流》，载《西安电子科技大学学报（社会科学版）》2013年第23卷第6期，第164-170页。

蒋月锋：《浅谈早期的秦文化：以甘肃礼县大堡子山秦文化遗址为例》，载《广西社会主义学院学报》2014年第25卷第3期，第80-84页。

甘肃省文物考古研究所：《西戎遗珍——马家塬战国战国墓地出土文物》，北京：文物出版社，2014年。

陈洪：《秦文化之考古学研究》，北京：科学出版社，2016年。

西戎

徐日辉：《古代西北民族"绵诸"考》，载《西北民族学院学报（哲学社会科学版）》1984年第1期，第121页。

赵化成，柳春鸣：《甘肃西和栏桥寺洼文化墓葬》，载《考古》1987年第8期，第678页。

丘菊贤，杨东晨：《西戎简论》，载《西北民族大学学报（哲学社会科学版）》1989年第4期，第37-40、36页。

王克林：《姬周戎狄说》，载《考古与文物》1994年第4期，第62-75页。

徐日辉：《"西和诸戎"与失街亭之关系考》，载《固原师专学报》1998年第19卷第4期，第41-45页。

杨东晨：《甘肃地区古氏族部落和文化考述》，载《天水师范学院学报》2000年第20卷第4期，第44-49页。

徐日辉：《甘肃东部秦早期文化的新认识》，载《考古与文物》2001年第3期，第53-59页。

王克林：《戎狄文化的探索（上）》，载《文物世界》2002年第3期，第9-11页。

王克林：《戎狄文化的探索（下）》，载《文物世界》2002年第4期，第13-17页。

徐日辉：《新石器时期渭水上游的生态变化》，载《中国历史地理论丛》2002年第17卷第3期，第21-27页。

徐日辉：《农业文明与秦早期都邑考》，载《中国历史地理论丛》2003年第18卷第3期，第56-66，158页。

杨东晨，周五龙：《北方草原重要古文化区氏族的经济形态——兼论北狄与西戎何时成为游牧部落》，载《阴山学刊》2004年第17卷第5期，第75-84页。

徐日辉：《早期秦与西戎关系考》，载《宁夏社会科学》2005年第1期，第109-116页。

杨东晨：《陇右地区西戎民族集团的诸族考辨——兼论传说时代和三代时期陇右民族格局的形成》，载《天水师范学院学报》2006年第26卷第6期，第5-8、12页。

史党社：《秦关北望——秦与"戎狄"文化的关系研究》，复旦大学2008年博士学位论文。

马健：《黄金制品所见中亚草原与中国早期文化交流》，载《西域研究》2009年第3期，第50-64页。

马春晖：《从张家川回族自治县马家塬发现战国墓葬群再探西戎》，载《西北民族大学学报（哲学社会科学版）》2009年第4期，第59-62页。

张天恩：《礼县等地所见早期秦文化遗存有关问题刍论》，载《文博》2001年第3期，第67-75页。

沈琳：《秦国与戎狄关系研究》，河北师范大学2011年硕士学位论文。

陈探戈：《春秋战国时期的秦戎关系研究》，西北大学2011年硕士学位论文。

早期秦文化联合考古队：《戎狄之旅——内蒙、陕北、宁夏、陇东考古考察笔谈》，载《考古与文物》2012年第1期，第96-107页。

张寅：《东周时期关中地区西戎遗存的初步研究》，载《考古与文物》2014年第2期，第46-53页。

梁云：《考古学上所见秦与西戎的关系》，载《西部考古》2016年第2期，第112-146页。

大堡子山

李零：《春秋秦器试探》，载《考古》1979年第6期，第515-521页。

陈平：《〈秦子戈、矛考〉补议》，载《考古与文物》1990年第1期，第102-107页。

高天佑：《礼县大堡子山秦先公墓补说》，载《天水师范学院学报》1998年第18卷第2期，第45-48页。

陈平：《浅谈礼县秦公墓地遗存与相关问题》，载《考古与文物》1998年第5期，第78-87页。

王辉：《也谈礼县大堡子山秦公墓地及其铜器》，载《考古与文物》1998年第5期，第88-94页。

戴春阳：《礼县大堡子山秦公墓地及有关问题》，载《文物》2000年第5期，第74-80、1页。

李学勤：《"秦子"新释》，载《文博》2003年第5期，第37-40页。

祝中熹：《礼县大堡子山秦陵墓主再探》，载《文物》2004年第8期，第65-72页。

戴春阳：《礼县大堡子山秦国墓地发掘散记》，出自《秦西垂文化论集》，北京：文物出版社，2005年，第554-558页。

田亚岐，张文江：《礼县大堡子山秦陵墓主考辨》，载《唐都学刊》2007年第23卷第3期，第71-77页。

杨惠福，侯红伟：《礼县大堡子山秦公墓主之管见》，载《考古与文物》2007年第6期，第63-68页。

早期秦文化考古联合课题组：《甘肃礼县大堡子山早期秦文化遗址》，载《考古》2007年第7期，第38-46页。

梁云：《甘肃礼县大堡子山青铜乐器坑探讨》，载《中国历史文物》2008年第4期，第25-38、1-2、89-98页。

梁云：《西新邑考》，载《中国历史文物》2007年第6期，第32-39页。

魏春元：《大堡子山秦公陵园墓主研究综述》，载《天水师范学院学报》2008年第28卷第3期，第52-56页。

早期秦文化联合考古队：《2006年甘肃礼县大堡子山21号建筑基址发掘简报》，载《文物》2008年第11期，第4-13、97、1页。

早期秦文化联合考古队：《2006年甘肃礼县大堡子山东周墓葬发掘简报》，载《文物》2008年第11期，第30-49、1页。

早期秦文化联合考古队：《2006年甘肃礼县大堡子山祭祀遗迹发掘简报》，载《文物》2008年第11期，第14-29、1页。

赵化成，王辉，韦正：《礼县大堡子山秦子"乐器坑"相关问题探讨》，载《文物》2008年第11期，第54-66页。

王辉：《秦族源、秦文化与秦文字的时空界限》，出自《秦俑博物馆开馆三十周年 秦俑学第七届年会——国际学术研讨会论文集》，西安：三秦出版社，2010年。

徐卫民：《三十年来早期秦文化研究综述》，出自《秦俑博物馆开馆三十周年 秦俑学第七届年会——国际学术研讨会论文集》，西安：三秦出版社，2010年。

田亚岐：《早期秦文化多元因素逐步形成及其特征》，出自《秦俑博物馆开馆三十周年 秦俑学第七届年会——国际学术研讨会论文集》，西安：三秦出版社，2010年。

辛怡华：《礼县大堡子山大墓墓主及其相关问题》，出自《秦俑博物馆开馆三十周年 秦俑学第七届年会——国际学术研讨会论文集》，西安：三秦出版社，2010年。

李峰：《礼县出土秦国早期铜器及祭祀遗址论纲》，载《文物》2011年第5期，第55-67页。

蒋月锋：《浅谈早期的秦文化——以甘肃礼县大堡子山秦文化遗址为例》，载《广西社会主义学院学报》2014年第25卷第3期，第80-84页。

西山

张天恩：《试说秦西山陵区的相关问题》，载《考古与文物》2003年第3期，第39-46页。

早期秦文化联合考古队：《西汉水上游周代遗址考古调查简报》，载《考古与文物》2004年第6期，第13-20页。

甘肃省文物考古研究所，中国国家博物馆，北京大学考古文博学院，等：《西汉水上游考古调查报告》，北京：文物出版社，2008年。

赵丛苍，王志友，侯红伟：《甘肃礼县西山遗址发掘取得重要收获》，载《中国文物报》2008年4月4日。

梁云：《论早期秦文化的两类遗存》，载《西部考古》2013年，第205-217页。

圆顶山

甘肃省文物考古研究所，礼县博物馆：《礼县圆顶山春秋秦墓》，载《文物》2002年第2期，第4-30页。

甘肃省文物考古研究所，礼县博物馆：《甘肃礼县圆顶山98LDM2、2000LDM4春秋秦墓》，载《文物》2005年第2期，第4-27、97-98、1页。

祝中熹：《试论礼县圆顶山秦墓的时代与性质》，载《考古与文物》2008年第1期，第70-77页。

印群：《论圆顶山秦早期墓地车马坑之殷文化因素》，载《苏州大学学报（哲学社会科学版）》2012年第2期，第167-173页。

毛家坪

甘肃省文物工作队，北京大学考古学系：《甘肃甘谷毛家坪遗址发掘报告》，载《考古学报》1987年第3期，第359页。

梁云：《秦文化重要遗址甘谷毛家坪》，载《大众考古》2013年第5期，第16-17页。

牛彦君：《甘谷毛家坪遗址发掘获重大突破》，载《甘肃日报》2014年9月5日。

朱羿：《毛家坪遗址发掘丰富秦文化内涵》，载《中国社会科学报》2014年11月21日。

宋喜群：《毛家坪遗址应为秦武公所设冀县县治》，载《光明日报》2014年12月18日。

毛家坪考古队，西北大学文化遗产学院：《秦文化探源：毛家坪遗址考古记》，载《大众考古》2015年第2期，第52-58页。

鸾亭山

梁云：《对鸾亭山祭祀遗址的初步认识》，载《中国历史文物》2005年第5期，第15-31页。

早期秦文化联合考古队：《2004年甘肃礼县鸾亭山遗址发掘主要收获》，载《中国历史文物》2005年第5期，第4-14、2、89-97页。

汪受宽：《礼县鸾亭山西畤遗址的文献解读》，载《天水师范学院学报》2013年第33卷第1期，第1-8页。

许卫红：《再论甘肃礼县鸾亭山等地出土玉人的功用》，载《中国国家博物馆馆刊》2015年第4期，第61-71页。

李崖

毛瑞林，梁云，南宝生：《甘肃清水县的商周时期文物》，载《中国历史文物》2006年第5期，第38页。

梁云：《非子封邑的考古学探索》，载《中国历史文物》2010年第3期，第24-31页。

赵化成，梁云，侯红伟，等：《甘肃清水李崖遗址考古发掘获重大突破》，载《中国文物报》2012年1月20日。

刘家兴：《甘肃清水李崖遗址考古发掘及相关问题探析》，载《丝绸之路》2014年第24期，第17-18页。

毛家坪

甘肃省文物工作队，北京大学考古学系：《甘肃甘谷毛家坪遗址发掘报告》，载《考古学报》1987年第3期，第359页。

梁云：《秦文化重要遗址甘谷毛家坪》，载《大众考古》2013年第5期，第16-17页。

牛彦君：《甘谷毛家坪遗址发掘获重大突破》，载《甘肃日报》2014年9月5日。

朱羿：《毛家坪遗址发掘丰富秦文化内涵》，载《中国社会科学报》2014年11月21日。

宋喜群：《毛家坪遗址应为秦武公所设冀县县治》，载《光明日报》2014年12月18日。

毛家坪考古队，西北大学文化遗产学院：《秦文化探源：毛家坪遗址考古记》，载《大众考古》2015年第2期，第52-58页。

寨头河

孙周勇，邵晶，孙战伟，徐菱，等：《陕西黄陵县寨头河战国戎人墓地》，载《中国文物报》2012年1月6日。

陕西省考古研究院，延安市文物研究所，黄陵县旅游文物局：《陕西黄陵寨头河战国戎人墓地发掘简报》，载《考古与文物》

2012年第6期,第3-10、2、113-118页。

北京科技大学冶金与材料史研究所,陕西省考古研究院:《陕西黄陵寨头河战国墓地出土铁器的初步科学分析研究》,载《考古与文物》2014年第2期,第114-120页。

马家塬

李永平:《甘肃张家川马家塬战国墓出土文物及相关问题探讨》,载《文博》2007年第3期,第10-15页。

王辉:《发现西戎——甘肃张家川马家塬墓地》,载《中国文化遗产》2007年第6期,第66-77页。

甘肃省文物考古研究所,张家川回族自治县博物馆:《2006年度甘肃张家川回族自治县马家塬战国墓地发掘简报》,载《文物》2008年第9期,第4-28、1页。

马春晖:《从张家川回族自治县马家塬发现——战国墓葬群再探西戎》,载《西北民族大学学报(哲学社会科学版)》2009年第4期,第59-62页。

早期秦文化联合考古队,张家川回族自治县博物馆:《张家川马家塬战国墓地2007—2008年发掘简报》,载《文物》2009年第10期,第25-51页。

李媛:《马家塬战国墓地文化性质及其与秦文化关系探讨》,西北大学2009年硕士学位论文。

赵吴成:《甘肃马家塬战国墓马车的复原:兼谈族属问题》,载《文物》2010年第6期,第75-83页。

早期秦文化联合考古队,张家川回族自治县博物馆:《张家川马家塬战国墓地2007—2008年发掘简报》,载《文物》2009第10期,第25-51、1页。

赵吴成:《甘肃马家塬战国墓马车的复原(续一)》,载《文物》2010年第11期,第84-96页。

赵涛:《关于甘肃马家塬出土战国车害的保护修复》,载《文物世界》2011年第6期。

早期秦文化联合考古队,张家川回族自治县博物馆:《张家川马家塬战国墓地2010—2011年发掘简报》,载《文物》2012第8期,第4-26页。

展厅效果

展厅效果

秦与"戎狄"的关系

史党社

本文试图重新分析秦与比邻的"戎狄"的关系,以期说明在秦人的历史中,"戎狄"文化和族群的融入是秦崛起的一个重要原因。

一、秦人历史中的"戎狄"及其文化

(一)秦人历史中的"戎狄"及其文化

1."西戎"

关于"戎"的含义,已经有太多的讨论。在笔者看来,"戎"在最初应是周人对与自身相对立的族群的称谓。若仅仅理解为异族,而不是与周对立的,似乎不太确切。这个"戎"的含义与后世的"夷"差不多,所以文献中有时"戎夷"连称,并且"戎"也可把"狄"包括进去,不一定单指西方族群。例如,东方之殷和徐、南方之蛮氏,都可称"戎",北方则可举夏家店上层文化的主人——"山戎"(图1)。后来,无论"戎"有否贬义,"华夏"与戎人本身都承认了这个称谓[1]。秦人西周中期兴起于西北,秦史中之"戎",大致就是东周以后常说的"西戎",主要指三代以来生活于今西北一带的非周非秦人群。他们的起源,应是本地自新石器时代晚期以来由于气候变化而逐渐畜牧化、武装化,并具有移动习性的羌系人群[2],同时也不排除更遥远族群的渗入。

根据多年的考古发现和"清华简"那样的证据,现在学术界多相信秦人"东来说",认为秦人是商周时期从东方山东半岛一带迁到了今天的陕甘一带的(图2至图4)。从甘肃、陕西地区较新的考古发现来说,西周以来秦人上下层的文化面貌的不同,可以支持这个说法。例如,秦人上层的墓葬除了规模较大、陪葬品较丰之外,经常还会有直肢、人殉、腰坑(殉狗)等特征,而下层的墓葬除了头向与上层一样向西之外,则多呈下身屈肢,没有其余高级别墓葬常有的特征。这些在墓葬中表现为屈肢的人群,就是"西戎",属于广义的"秦人"下层。

"西戎"作为西北土著人种与中原人群并无大的不同,都属大蒙古人种的不同支系,具体生活地主要为陕西、甘肃、宁夏、青海东部。先秦以降,戎人曾经有一个向东、南、西的迁徙过程,其中向东、南的迁徙是主流。早期主要向东,东周、秦汉以后则主要为南迁的趋势,足迹也扩散到四川、新疆等西南、西北更远的地方。

"西戎"所牵涉的文化类型,主要有辛店、寺洼、卡约、四坝、毛家坪B组遗存等。与秦连接的"西戎"所使用的考古学文化,主要有寺洼(图5)、毛家坪B组(图6)两种。其实,戎人也是使用中原周秦文化的,如毛家坪A组遗存,主要面貌与寺洼、毛家坪B组遗存不同。下面,笔者对这个问题稍加讨论。

政治与文化的关系,在中国历史中一直重演着一个规律,即政治因素对于文化的变迁经常会有很大的促进作用。秦文化在西周中后期开始孕育,至于春秋形成,对与之比邻的"西戎"的文化产生了较大影响。

位于甘肃省天水市甘谷县西渭河南侧的毛家坪遗址,是1947年裴文中在渭河流域调查时首先发现的[3],1956年甘肃省博物馆张学正也曾调查过[4]。1982年、1983年,甘肃省文物工作队和北

图1 夏家店上层文化銎柄剑(翁牛特旗博物馆藏)

图2 陇东地形(甘肃省秦安县)

图3 西汉水谷地(甘肃省礼县)

图4 礼县到武山的道路(摄于2012年)

图5 寺洼文化马鞍口罐(甘肃秦文化博物馆藏)   图6 铲足鬲(清水县博物馆藏)

---

[1] 如春秋中期姜戎就自称戎。见《左传》襄公十四年。
[2] 许多学者根据许慎《说文解字》的解释,认为"羌"从"羊",从而认定羌人的生业类型。蒲立本(E. G. Pulleyblank)则从语言涉的角度加以否定,认为"羊"乃声符。见蒲立本.上古时代的华夏人和邻族[M]//王小盾.扬州大学中国文化研究所集刊:第一辑.南京:江苏古籍出版社,1998:343-376.
[3] 裴文中.甘肃史前考古报告[M]//裴文中.裴文中史前考古学论文集.北京:文物出版社,1987:208-255.
[4] 甘肃省博物馆.甘肃古文化遗存[J].考古学报,1960(2):11-52.按此调查报告,毛家坪当时的行政区划应属武山县,调查者在这里还发现了面积很小的齐家文化遗址。

图7 毛家坪

图8 毛家坪出土铲足鬲（甘肃省文物考古研究所藏）

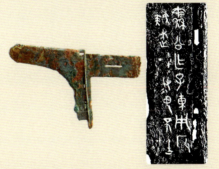

图9 毛家坪墓地M2059出土青铜戈及其铭文（甘肃省文物考古研究所藏）

京大学考古学系对这里进行了两次发掘，共分两个地点进行，一为遗址南部的墓葬区，二为北侧的居址，两个地点共发掘土坑墓33座、鬲棺葬12组、灰坑39个、房基4处①。2012年以来，考古工作者又对毛家坪遗址进行了发掘，探明遗址有墓葬千余座，累计发掘面积约4000平方米，清理春秋、战国时期的大小墓葬199座、灰坑752个，出土陶器、石器、玉器、青铜器、骨器等各类小件文物1000余件，发掘大量绳纹灰陶片，其中出土鼎、簋、方壶、甀、盂、敦、盘、匜等青铜容器51件，出土短剑、戈、矛等青铜兵器11件。此外，共发掘车马坑4座，其中最高级别的一座出土车3辆、马10匹，车舆带漆皮彩绘，车轼上有蟠虺纹彩绘，舆板白底红彩，系贵族出行车辆（图7至图9）。②

毛家坪共有三种文化遗存，一种是石岭下类型，其余两种与秦有关：一种是毛家坪A组遗存，以细泥灰陶为特征；一种是毛家坪B组遗存，以夹砂红褐陶为特征。毛家坪A组遗存的年代原来估计较早，上限可到西周早期，现在更正为春秋中期偏晚；毛家坪B组遗存的年代，大约在春秋中晚期至战国时期。

根据近年发掘、调查的墓葬等遗存推测，毛家坪墓地的年代从西周延续到战国，现在的出土物年代集中在春秋以后，墓地应为初级形态的"县"即冀县所在，出土的青铜器铭文中的子车氏③，可能就是冀县长官，所属的M2059是墓地中已知最高级别的墓，其随葬五鼎，为大夫一级。④子车氏当非秦之同族，其后"三良"即奄息、铖虎等，有学者认为是中原对"戎狄"之名的对译⑤。子车臣服了秦人作为"异姓之能"，被秦君派往冀为"远官"即边鄙之官⑥。

毛家坪的上述考古发现无可辩驳地说明了一个事实，就是秦人的下层——例如冀戎——至少在春秋时代，已经大量使用秦文化了。如果毛家坪A组遗存的年代上限在西周中期，那么这个年代还可以提前。一般认为，商周时代的"西戎"所使用的文化是寺洼文化（虽然当时不一定有"西戎"这个称呼），东周时期则有毛家坪B组遗存，可是B组遗存的年代已如上述，即春秋中晚期才开始，而且所占比例较小，从毛家坪墓地来看，它的主人冀戎在更早的时期使用秦文化是无疑的。这说明秦文化一经形成，便在比邻的"西戎"族群中扩散，并对相应的文化产生同化作用。其中有个重要的原因，就是此处很早就被秦纳入政治版图，是秦之冀县所在。在这里，政治力量充当了文化传播的推手。

毛家坪的实例还告诉我们，两周时代，属于中原系统的周秦文化向周边文化有一个扩展的过程，这个过程在东周时期秦、魏（其先有狄之地上郡，后入秦）、赵、燕等国强大之后，又以更大的规模上演，在农业文化与畜牧文化的争斗中，农业文化终于凭借政治、军事实力把自己的分布版图扩展到了北方的长城地带，把原来属于"戎狄"的区域囊括了进去。东周时期，秦、赵、燕长城及后来的秦始皇长城的建立就反映了这样一个基本的历史事实。这过程完成的时代，大致在战国后期，此时的三国长城之外，已经属于较典型的游牧文化的范围了。

2. 狄

"戎"是一个西周时期就出现的概念，"狄"则晚至春秋时代，由此也可知道"狄"大概是可以总称为"戎"的族群中相对独特的部分。狄人的来源和构成，至今并不完全清楚。狄有白狄、赤狄、长狄等分支，而与秦有联系者，主要是白狄。春秋时代的白狄，主要生活在陕北、山西中西北，向北或可延伸到内蒙古中南部，向东则可至河北中南部（图10至图14）。赤狄主要生活在山西南部，势力曾向东、南扩张。三代之时狄人曾有一个南移东迁的过程⑦。一些学者认为，狄是我国北方的土著，与后来的胡（如匈奴）等不同，并非南下的游牧民族，而是在气候干冷化条件下逐步武装化、畜牧化的人群。例如，拉铁摩尔认为，游牧经济应当起源在农牧混合的生态经济地带，在那里，一部分更倾向于畜牧或流动畜牧生产方式的人群，由于气候干冷过程所导致的农作物分布纬度南移，以及来自其他农业人群的压力，逐渐深入草原地区，并最终放弃他们曾兼营的农业生产活动⑧。王明珂也有大致相同的看法⑨。姚大力不同意拉、王所认为

---

① 赵化成.寻找秦文化渊源的新线索[J].文博，1987（1）：1-8；甘肃省文物工作队，北京大学考古学系.甘肃甘谷毛家坪遗址发掘报告[J].考古学报，1987（3）：359-396；赵化成.甘肃东部秦和羌戎文化的考古学探索[M]//俞伟超.考古类型学的理论与实践.北京：文物出版社，1987：145-176.
② 牛彦君.甘谷毛家坪遗址发掘获重大突破——实证"华夏第一县"设立的历史渊薮[N].甘肃日报，2014-09-05（1）.
③《左传》文公六年："秦伯任好卒。以子车氏之三子奄息、仲行、铖虎为殉，皆秦之良也。国人哀之，为之赋《黄鸟》。"杜注："子车，秦大夫氏也。"《史记·秦本纪》作"子舆氏"。
④ 早期秦文化联合考古队.早期秦文化研究的又一突破：2014年甘肃毛家坪遗址发掘丰富了周代秦文化内涵[N].中国文物报，2014-11-14（1）.
⑤ 江头广.姓考：周の家族制度[M].东京：风间书房，1970.
⑥《国语·晋语四》说晋文公设官分职，使"异姓之能，掌其远官"。韦注远官即县鄙之官，与中官（内官）、近官（朝廷之官）相对。秦的情况可能类似。
⑦ 蒙文通.白狄东侵[M]//蒙文通.周秦少数民族研究.上海：龙门联合书局，1958：81-85.
⑧ 拉铁摩尔.中国的内陆亚洲边疆[M].唐晓峰，译.南京：江苏人民出版社，2005.
⑨ 王明珂.游牧者的抉择：面对汉帝国的北亚游牧民族[M].桂林：广西师范大学出版社，2008：63-100.

图10 大青山—岱海间地貌（内蒙古自治区卓资县）

图11 鄂尔多斯西部地貌（杭锦旗桃红巴拉墓地附近）

图12 毛乌素沙地（陕西省神木市）

图13 晋陕峡谷（清涧—石楼间）

图14 雁门关附近（山西省代县）

图15 滹沱河（山西省原平县）

的原来的"戎狄"本居于黄土高原的边缘地带而后南移的说法，他认为"内夏外夷"的状况开始大约是一种文化态度，即人们对夷夏的一种认识，后来才变成了一种真实的空间分布，而这一过程由《左传》记载的孔子在公元前500年说过的"裔不谋夏，夷不乱华"一语来看，"蛮夷戎狄"在地理空间上的边缘化过程，恐怕要晚至春秋、战国之交方才大致完成。在更早的时期，原来的华北、黄土高原边缘地带，都是农牧混合经济的分布区，等到战国时代游牧方式在中国北方产生的时候，农牧混合经济区已经随着华夏农业活动的扩张而压缩，演变成为处于它南面连成一片的农业区和以北草原之间的一条带状的边缘地域，游牧就产生于这个地区。①

笔者认为，从文献、考古发现看，在三代特别是西周晚期以降，位于华北、西北的北方族群，确实曾有一个不断南侵、东迁的过程，而北方特色文化的分布也确实在这个区域靠北的地区。所以，笔者虽然同意在更早时期中原就有"蛮夷戎狄"分布的说法，但也不能否认他们之中靠北的族群在商周时代大规模南移、东迁过程的存在。

关于狄的来源，很可能的情况是，他们都是三代或者更早时期的华北、西北地区古代居民的后裔，而不是来自更遥远的地区，起码主体应该如此。至于东周，中原概念中的"狄"的构成更趋复杂，至少有南下的北亚人群及北上的中原人群的加入。根据现在的研究，白狄和赤狄大约都是我国北方的古代人群，或许有不同的来源，而不一定是同系人群分化的结果②。白狄是东周时代居于陕北、山西中北部的人群，按照文献记载，至少其中的一部分曾经有个东迁的过程，当然伴随的是对中原族群的侵伐。如白狄中的鲜虞，大概从陕晋一带东进，越过太行山，最后活动于今河北中北部，建立了国家，其中横穿太行山—燕山呈东西向的桑干河（代谷）、滹沱河谷（图15）是两条最主要的路线，白狄通过前者东迁建立代国，通过后者建立鲜虞等国。赤狄的来源，一时还说不清楚，商周时代其祖可能是当地土著，生活于山西中北部、陕北一带，起源或与鬼方有关，有的学者曾认为其乃西伯利亚人群南迁的结果③。在商周时代，赤狄与白狄一样，都曾有东迁的过程。例如赤狄春秋时代多生活于山西东南长治一带，此处发现的春秋铜器墓多被认为是赤狄不同分支的遗存④。赤狄东侵，也见于春秋历史，有不同的分支，最东曾与鲁交接，后来则大部为晋所灭。

相对于蒙文通那样纯粹的历史学者，或者具有人类学素养的拉铁摩尔、王明珂，以及民族史专家姚大力等人，现今的考古学者则一步步试图给出狄人来源与迁徙的清晰线索。韩嘉谷指出，白狄在东周时代已经分布到内蒙古中南部、陕西、山西及河北一带，包括太行山、燕山山地，都是白狄的势力范围，春秋中期以后白狄东迁，到了太行山以东，曾被当作"山戎"遗迹的军都山类型遗存，其主人应是白狄的一支——代戎。⑤林沄、杨建华认为，不能单纯以文化来划分狄与胡。在韩说的基础上，他们举出以下几类证据，来说明西北与华北白狄之间的文化联系及迁徙过程。

一是所谓的"秦式剑"。这种剑以前有零星发现，江上波夫较早注意到其与秦的联系⑥。较早发现的是宁县宇村M1剑，年代在西周晚期，通长23.1厘米，双刃，中起脊，柄体雕有细微的兽面纹，柄端一侧为兽，口衔人头，瞠目张口。⑦近些年山西黎城西关黎国墓地M10所出的西周晚期铜柄铁剑，柄部形制与之接近。⑧还有礼县西山M2003所出的首部接近环状的剑，柄部比起宇村剑、黎城西关剑显得朴素。⑨宇村剑、黎城西关剑、西山剑是已知最早的此种类型的剑。张

---

① 姚大力.重新讲述"长城内外"[N].东方早报，2009-06-14（B04）.
② 有学者认为白、赤狄乃一系之分化，如蒙文通先生。见蒙文通.周秦少数民族研究[M].上海：龙门联合书局，1958：81-85.
③ 如徐中舒先生认为，白狄与赤狄族属不同，赤狄盖鬼方之后，最早的来源应是从西伯利亚森林中南下的人群。见徐中舒.西周史论述（上）[J].四川大学学报（哲学社会科学版），1979（3）：89-98.
④ 杨林中.晋东南春秋铜器墓的分期及意义[C]//山西省考古学会，山西省考古研究所.山西省考古学会论文集（二）.太原：山西人民出版社，1994：109-111.
⑤ 韩嘉谷.从军都山东周墓谈山戎、胡、东胡的考古学文化归属[M]//李逸友，魏坚.内蒙古文物考古文集：第一辑.北京：中国大百科全书出版社，1994：336-347.
⑥ 江上波夫，水野清一.内蒙古·长城地带[M]//東亞考古學會.東方考古學叢刊：乙種第一册.座右寶刊行會，1935（昭和十年）：26.江上波夫在本书中明确称之为"秦式剑"。
⑦ 许俊臣，刘得祯.甘肃宁县宇村出土西周青铜器[J].考古，1985（4）：350-351.按原报简称此剑为匕。
⑧ 国家文物局.2007中国重要考古发现[M].北京：文物出版社，2008：42.
⑨ 资料未正式发表。

天恩虽然承认这种剑是所谓的"秦式剑"的来源，却认为其属于中原文化系统，不属于北方或者所谓"戎狄"系统。①林沄认为，这种特殊的剑并不是秦文化的剑，而应属于与秦有一定交往的北方族团的剑。这种剑后来向南传入秦，向东沿桑干河（代谷）东传入冀北的代②。杨建华认为，这种剑很可能是秦式剑与冀北花格剑的来源。冀北地区的花格剑和秦地秦式剑主要流行于春秋时期，冀北地区的剑年代稍晚一点，即从春秋中期到战国早期。她假设，宇村剑后来发生分离，一支发展为秦式剑，一支发展为冀北花格剑。这种剑并非起源于周秦文化，而是周秦文化中的"戎狄"因素。对于这种剑更早的起源，杨建华认为可能是欧亚大陆的中部，她还列举了与宇村剑特别相似的帕米尔剑。③有学者认为宇村剑可能就是《逸周书·克殷》中周人使用的"轻吕"，亦即后来匈奴所使用的"径路"宝刀④。林梅村推测，此类剑应是起源于欧亚的印欧人，在商代通过西北游牧人（如月氏）传到我国北方，也肯定此类剑为游牧人所用之物⑤。凡此不同的说法，不能否认的一个事实，就是此类剑的考古发现以西北、华北的"戎狄"区域为最多，临近的秦等地也是其重要的发现地，因此无论它的来源如何，都可以看作"戎狄"文化的一个特色。（图16）

图16 甘肃省礼县大堡子山IM25出土剑⑥

二就是所谓的虎形牌饰。这种虎形牌饰较早在"戎狄"地域的出土地还是宁县宇村M1，是作为人体装饰品出现的（因出土于人体头部周围），后来属于代戎的军都山所出同类器物⑦也作如此用途，只不过有的为金质（如军都山⑧、甘子堡M1：21⑨）。有的可能是作为马具上的装饰物，如黄堆M1西周中期墓，出土时与一堆车马器混在一起⑩。

这种虎形牌饰，在东周时代的军都山代戎之域，以及鲜虞国系列遗存⑪、鄂尔多斯的相关遗存中（可能与白狄有关）、西安西郊三民村附近（年代属春秋战国时期）⑫都有发现。学者们注意到了多个发现地之间的联系，也有人认为西安、冀北的牌饰的动物可能是豹而不是虎⑬。

三就是所谓的椭方口錂（林沄称异形釜）。现在发现的铜錂，靠西的年代较早，如西周中晚期的王家村錂⑭、春秋早期的宝鸡甘峪錂⑮、梁带村春秋早期—中期偏早龙纹小錂（弄器）⑯，以及所谓的秦式錂，所以铜錂或许有一个东传的过程存在。已故的李朝远先生就复原了一条秦式錂的东传路线，不过不一定准确，因为陕北、晋冀北部，直到内蒙古的中南部，很可能本来就是錂的原产地，秦、晋都是其传播的目的地，不待传到秦，然后再折向东北⑰。铜錂中年代较早的，基本形制都是圆腹、立耳、小圈足或无足。在陕北、晋冀北部的代等地，后来又演变出一种椭方口即圆角方口、附耳、有盖的形式，有的也如秦一样加上中原式的蟠螭纹（秦式錂的纹饰其实不止于此）。这种圆角方口錂，具体来讲，应是受晋文化影响的产物。因为我们可以发现，这种錂的分布，主要为属于代的原平刘庄和浑源李峪、内蒙古南部（如准格尔旗宝亥社、河套文化博物馆所藏）（图17）、志丹张渠、绥德城关及黄陵寨头河和史家河等地。根据文献可以肯定，这些器物的主人，应都是白狄或其后裔（如史家河的年代可能晚至战国晚期，此时白狄的名称已经不见于记载），内蒙古南部的可能是楼烦（或林胡），而且都与晋或魏关系密切。从史家河最新的发现来说，这种錂可能延续了较长的时间，从春秋晚期一直到战国中期⑱。根据纹饰等特征，我们甚至怀疑，这些器

图17 椭口青铜錂（巴彦淖尔中国河套文化博物馆藏）

---

① 张天恩.再论秦式短剑[J].考古，1995（9）：841-853.
② 林沄.从张家口白庙墓地出土的尖首刀谈起[M]//林沄.林沄学术文集（二）.北京：科学出版社，2008：20-30；林沄.夏至战国中国北方长城地带游牧文化带的形成过程（论纲）上、下[M]//牛森.草原文化研究资料选编：第一辑.呼和浩特：内蒙古教育出版社，2005：284-319.下引林说不注明者出处同.
③ 杨建华.中国北方东周时期两种文化遗存辨析——兼论戎狄与胡的关系[J].考古学报，2009（2）：155-184；杨建华.略论秦文化与北方文化的关系[J].考古与文物，2013（1）：45-51.下引杨说不注明者出处同.
④ 李学勤.师询鼎试探[M]//李学勤.新出青铜器研究.北京：文物出版社，1990：115-121.
⑤ 林梅村.商周青铜剑渊源考[M]//林梅村.汉唐西域与中国文明.北京：文物出版社，1998：39-63.
⑥ 早秦文化联合考古队.2006年甘肃礼县大堡子山东周墓葬发掘简报[J].文物，2008（11）：36.
⑦ 北京市文物研究所山戎文化考古队.北京延庆军都山东周山戎部落墓地发掘纪略[J].文物，1989（8）：31，图版肆.
⑧ 北京市文物研究所.军都山墓地——玉皇庙：第4册[M].北京：文物出版社，2007；彩版四七.
⑨ 贺勇，刘建中.河北怀来甘子堡发现的春秋墓群[J].文物春秋，1993（2）：31，图版叁.
⑩ 陕西周原考古队.扶风黄堆西周墓地钻探清理简报[J].文物，1986（8）：63，66.
⑪ 如唐县钓鱼台鲜虞遗存.见河北省博物馆，文物管理处.河北省出土文物选集[M].北京：文物出版社，1980：96.
⑫ 王长启.西安市文管会藏鄂尔多斯式青铜器及其特征[J].考古与文物，1991（4）：6-95.
⑬ SO J F, BUNKER E C. Traders and raiders on China's northern frontier[J]. Art in America, 1995, 83（8）：111-112；BUNKER E C, LINDUFF K M, KAWAMI T S. Ancient Bronzes of the Eastern Eurasian Steppes[M]. New York: Arthur M. Sackler Collection, 1997：111-113.
⑭ 庞文龙，崔玫英.岐山王家村出土青铜器[J].文博，1989（1）：91-92.
⑮ 高次若，王桂枝.宝鸡县甘峪发现一座春秋早期墓葬[J].文博，1988（4）：21，98.
⑯ 赵荣，等.熠熠青铜 光耀四方——秦晋豫冀两周诸侯国青铜文化[M].西安：陕西旅游出版社，2016：124.
⑰ 李朝远.新见秦式青铜錂研究[J].文物，2004（1）：83-92.
⑱ 陕西省考古研究院，延安市文物研究所，黄陵县旅游文物局.陕西黄陵县史家河墓地发掘简报[J].考古与文物，2015（3）：3-13，2，129；孙周勇，孙战伟，邵晶.黄陵史家河战国墓地相关问题探讨[J].考古与文物，2015（3）：60-66.

物就是晋和魏为白狄或其后裔所做的。年代较早的圆形立耳镀的分布则更加宽泛，族属更加复杂，应属青铜镀更早的形式，圆角方口镀只不过是其衍生物。

林、杨等根据上述三种资料，认为所谓的"白狄"曾有一个东迁的过程；杨建华则走得最远，认为白狄就是秦人在春秋时期所伐之西北"戎"，在被秦人逐出关中之后，转而东迁，最远的到达了太行山之东。

上述论证告诉我们三个事实：第一，结合文献、考古资料可以发现，白狄在东周时代确实有一个东迁的过程；第二，白狄的不同支系的文化有一定的相似性；第三，白狄与"西戎"之间，在文化上也是有联系的。笔者认为，"狄"之来源还存在另外一种可能，即狄本来就是陕北、晋中北，直至内蒙古中南部的土著，自新石器时代以来就定居于此，商周时期因为气候、环境的变化曾有南下、东迁的行为，起源地并非西方的"西戎"区域（如宇村所在的庆阳地区）。杨建华列举的仅有的两例白狄的人种资料——属于代的白庙Ⅰ组和玉皇庙墓地，墓主的人种特征都属于古华北类型，其实也支持这个判断。上述三种文化因素与东方的联系，或许是戎、狄等不同族群击鼓传花式传播的结果，而不是"西戎"向东方的长驱直入造成的。

说到狄之种族来源，如大多数学者所注意到的，东周时期"狄"的人种早已不那么单纯——与早期的"狄"有了差别，既有南下的起源于北亚的"胡"，也有北上的中原之人，文化也变得更加复杂①。从人种资料看，"胡"至少从春秋晚期就已经大规模地出现在华北长城地带。从文献看则更早，如《管子·小匡》说齐桓公"救晋公，禽狄王，败胡貉，破屠何而骑寇始服"，此时大约是公元前7世纪的前段，属于春秋中期偏早阶段，所谓的"胡貉"就是"胡"②。河北中北部的白狄，可能就是从陕北、晋西北及内蒙古中南部迁过去的。春秋时代，当"狄"东进而"胡"南下都出现在华北之时，人们对他们之间的差别还是清楚的。例如，在《墨子》的《兼爱（中）》《非攻（中）》中，燕、代、胡貉并举，其中的代是白狄所建之国，胡貉当是从蒙古、北亚南下的

族群。直到《战国策》记载200年后的赵襄子的事迹，也还是说"襄王兼戎并代以攘诸胡"，戎、代、胡还是分得很清楚。更具体地来说，大概到了战国晚期，"狄"的概念可能才变得复杂起来，一如《礼记·王制》所说的那样，北方的非华夏族群都被称作"狄"了。这个称谓的背景是，战国秦汉时代，中原王朝向北大规模地拓土和移民，使这里的不同族群都与中原人群混居并逐渐融合，此时历史悠久、来源复杂的北方族群已经让中原人士分不清你我了。

与秦有联系的狄人，是白狄，下略加考察。

白狄春秋中期开始出现于《春秋》那样的文献记载之中，与秦、晋关系比较密切，《左传》记载白狄与秦同处雍州，可以说明春秋时代白狄的居地及其与秦的关系③。白狄的生活地就在今陕北、晋中、晋北、冀北，以及内蒙古一带④，势力炽盛时可以到达关中渭水流域⑤。白狄虽曾受"华夏"攘却，但西周春秋时代总的趋势是势力从西往东推播。由于地近秦、晋，故间与秦、晋互相攻伐，并与晋互为婚姻，参与中原朝聘会盟。⑥白狄的分支较多，所以又称"群狄"⑦，但一直处于莫能相一的状态。虽然白狄分布广泛，但笔者怀疑，吕梁山以西的山西中、北部及陕北、内蒙古中南部的黄河晋陕峡谷两岸，可能是白狄的老家。从与白狄和晋相关的地名，如箕（蒲县）、屈（吉县）、交刚（隰县）、采桑（吉县），大致可以看出这么个轮廓。从晋地眺望西北，这条线之外，应就是白狄本来的生活地，正在晋中、北部，以及陕北以远。后来到春秋中期晋文公又对白狄攘却，使其居于"河西圁、洛之间"，大概只是把这里的白狄从河东赶到了河西而已。以度理之，狄人新居之地，原来应该没人居住或少人居住，如此才有生存的空间⑨，所以我们推测清涧李家崖东周墓地的出现，可能就是这个原因，而且墓地的年代与此前古城的年代正是相接的（图18）。

与白狄相联系的河西的两条河流之一的洛，当然就是著名的洛河（图19）了，其流经陕北与关中东部，在渭河下游入渭。圁水即今之无定河⑧，发源于榆林北，流经米脂、绥德，在清涧东南入黄河。这两

图18 李家崖遗址（陕西省清涧县）

图19 洛河（陕西省大荔县）

图20 董志塬（甘肃省庆阳市）

---

①曹建恩.内蒙古中南部商周考古研究的新进展[J].内蒙古文物考古，2006（2）：16-26.
②胡、貉一义，可以互用。见吴荣曾.战国貉各族考[M]//吴荣曾.先秦两汉史研究.北京：中华书局，1995：117-132.《史记·赵世家》说"奄有河宗，至于休溷诸貉"，"休溷"即休浑。
③《左传》成公十三年吕相语"白狄及君（按即秦君）同州"，孔疏即雍州。
④《史记·匈奴列传》之《正义》引《括地志》："延州、绥州、银州，本春秋时白狄所居，七国属魏，后入秦，秦置三十六郡。"
⑤僖公二十四年、《国语·晋语》记载重耳从狄君田于渭滨。
⑥例如以下记载：《春秋》及《左传》僖公三十三年晋败白狄于箕；《春秋》及《左传》宣公八年晋与白狄讲和，并与狄伐秦，宣公八年白狄与晋讲和；《春秋》及《左传》成公九年，白狄又与秦伐晋；《左传》襄公十八年白狄朝鲁，襄公二十八年白狄又与齐朝晋。
⑦《左传》昭公元年："晋中行穆子败无终及群狄于大原"。
⑧《史记·匈奴列传》。
⑨如《左传》襄公十四年所记载的晋给予徙的姜戎以南鄙之田，就是"狐狸所居，豺狼所嗥"的荒僻之地。
⑩后晓荣，田小娟.秦上郡置县考[M]//徐卫民，雍际春.早期秦文化研究.西安：三秦出版社，2006：152-162.

河是流经陕北地区的黄河最大的两条支流,所流经的地区正是今天的陕北的榆林、延安两市所辖地区。两地和陇东庆阳一带(图20),与周人的起源有很大关系,也是白狄的生活地,很可能是起源地。从文化和政治关系来看,本地的族群与晋关系密切,战国时期先属于魏,魏在此设上郡,后来则属于秦。一直到楚汉之时,项羽还封董翳于高奴(今延安)为翟王。[①]汉代在黄陵一带设翟道(属左冯翊),说明此处就是当时人们所认为的狄(此处即白狄)的老家。

靠北的内蒙古中南部一带,春秋时代的白狄也可能涉足于此,上面所提到的魏、秦之上郡北端也可以到达内蒙古南部。由于古人所说的"狄"的概念极为宽泛,所以也应审慎地把本地纳入。按照文化因素与人种特征来分析,本地在商代早期以前有本土的朱开沟文化(图21),商末—西周早中期则有西岔文化,这两种文化都是本地土著文化,而从人种特征来看朱开沟的居民属于"古华北类型"。可是自西周晚期—春秋早期的准格尔旗西麻青墓地一类遗存开始,内蒙古中南部的考古学文化进入了一个以外来文化为主体的时代,各种考古学文化纷至沓来,使本地区的文化面貌发生了变化,本地文化因素退至次要地位(图22)。

1998年在内蒙古清水河县西麻青村发掘的19座墓头向北的竖穴土坑墓,年代在西周晚期—春秋早期,文化内涵主体应属于周文化,有人说是西周文化的一个地方变体[②]。西麻青文化的主人,体质上属于"古中原类型",与此前的本地人群不同,与上述属于白狄代国的白庙Ⅰ组和玉皇庙墓地"古华北类型"的人种特征也不同。从新石器时代以来,中原系统人群向北的脚步一直没有停止。有学者分析西周晚期以来内蒙古中南部文化与人种变迁的原因,认为应与环境变迁、生业改变引起的人群迁徙有关[③]。西麻青墓地的主人,应是从东南方向进入本地的中原人群。

陕北,连同上述内蒙古中南部,以及晋中、晋西北也是白狄的生活地。本地年代深入到西周的文化遗存,有延长青铜文化,即延长安沟乡西周晚期—春秋早期青铜器窖藏。该窖藏所出铜器年代有西周早期与两周之际的,而且中原与北方文化因素并存,可能是不同渠道的输入物。[④]曹玮推断窖藏年代当在春秋早期,西周时期本地区应为南下的鬼方或其他北方部族所控制[⑤](图23)。进入东周以后,本地区是白狄的活动区域。从文化上看,一个值得注意的想象是,这里的文化一直保持着与晋文化的联系,这显然是白狄与晋密切关系的反映。

东周时代这样的文化遗存有如下一些,按年代可罗列如下:

宜川虫坪塬,两周之际,或可到春秋早期[⑦];

米脂张坪,春秋早中期[⑧];

清涧李家崖,春秋中期偏晚—秦亡[⑨];

黄陵寨头河,战国早中期[⑩];

黄陵史家河,战国晚期[⑪]。

这几处墓地的年代,虫坪塬偏早而史家河偏晚,与文献中白狄出现的年代略有差距。但笔者认为,这几处墓地应都与白狄有关。晋与白狄关系密切,作为周之封国,其实如同其他诸侯一样,位处"戎狄"之中的晋,就是"推广"周文化的据点,所以晋文化及后来的魏文化推广到这里是很容易理解的。李家崖83坟M1或许是个异例。这座墓与其他三处墓地的墓葬不同,独立位于一座小山丘上,为一南北向的土坑墓,出土有铜镢、带扣,以及铜泡、削刀、镞、环、骨镞、骨饰、石饰等,还有狗骨、砾石,但无陶器,

图21 朱开沟遗址出土青铜刀(鄂尔多斯青铜器博物馆藏)

图22 铲足陶鬲(鄂尔多斯青铜器博物馆藏)

图23 梁伯戈 (故宫博物院藏;铭文中有鬼方)[⑥]

---

① 《汉书·高帝纪》。
② 参见网络文章《西岔文化初论》。
③ 曹建恩.内蒙古中南部商周考古研究的新进展[J].内蒙古文物考古,2006(2):16-26.
④ 姬乃军,陈明德.陕西延长出土一批西周青铜器[J].考古与文物,1993(5):8-13.
⑤ 曹玮.陕晋高原商代铜器的属国研究[M]//李宗焜.古文字与古代史:第二辑.台北:"中央研究院历史语言研究所",2009:303-327.
⑥ 仲威.金石善本过眼录·梁伯戈王国维跋本[J].艺术品,2016(2):78-81.
⑦ 杨永林,张哲浩.陕北高原首现商代乌马车——陕西宜川虫坪塬墓地2014年度考古有新发现[N].光明日报,2015-01-21(9).本墓地由陕西省考古研究院、宜川县博物馆发掘,资料未正式公布。
⑧ 北京大学考古系商周实习组,陕西省考古研究所商周研究室.陕西米脂张坪墓地试掘简报[J].考古与文物,1989(1):14-21.
⑨ 陕西省考古研究所陕北教研队.陕西清涧李家崖东周、秦墓发掘简报[J].考古与文物,1987(3):1-18;陕西省考古研究院.李家崖[M].北京:文物出版社,2013.下文所举李家崖铜镢(83坟M1:1),资料见《李家崖》第243-247页、第333-334页,彩版二九:3、图版六四-六六。
⑩ 陕西省考古研究院,延安市文物研究所,黄陵县旅游文物局.陕西黄陵寨头河战国戎人墓地发掘简报[J].考古与文物,2012(6):3-10,2,113-118;孙周勇,孙战伟,邵晶.黄陵寨头河战国墓地相关问题探讨[J].考古与文物,2012(6):79-86.
⑪ 参见陕西省考古研究院《2012年考古年报》第39-42页。

年代大概在战国初期。如作者所指出的，83坟M1所出土的铜削、带扣、马衔和骨镞等物，与内蒙古凉城县小双古城、和林格尔新店子春秋晚期—战国早期墓地所出土的同类器物相似①。从这座墓我们可以明显感受到北方游牧化过程的辐射作用。对于"狄"文化面貌的复杂性，我们也要有充分的估计。

秦文化因素只有在战国晚期秦从魏那里拥有上郡之后，才逐渐出现在这里。在李家崖东周墓及史家河墓地中，明显的秦文化因素的出现，是在战国晚期至秦统一阶段。战国时代，白狄连同赤狄之名等逐渐消亡于历史之中，但其影响仍然存在，一方面表现为更加宽泛的"北狄"概念的出现，另一方面表现为一些具有"狄"特色的文化因素一直延续到战国晚期，下面要讨论的鍑即是一例。

（二）一个重要问题——关于鍑的讨论

有学者认为，铜鍑是通过天山然后东传，再经过"周化"的过程形成的②；另有许多学者把鍑的起源与商周春秋时代中国北方的"戎"（其中当然也包括"狄"）联系在一起。例如，刘莉认为，陕西、山西、北京、河北等地出土的早期铜鍑的主人或与文献中的"北狄"、山戎有关③。苏芳淑、艾玛·邦克等认为，中国人或是最早制作鍑的人群之一，后来鍑向西传播到欧亚大陆的西部，成为黑海沿岸居民的标志性器物④。滕铭予认为，类似王家村类型的铜鍑，其主人可能就是西周后期到两周之际生活于黄土高原、燕山山地及内蒙古高原南部的戎人⑤。厄尔迪⑥、杨建华⑦也有类似看法。要追溯铜鍑更早的来源，郭物认为，安阳郭家庄出土的商代晚期的鍑形器，大约就是以后铜鍑的祖型，此时的北方民族可能已经尝试制造平底或圜底的青铜鍑，西周中期北方的"戎人"已经开始使用青铜鍑，一如师同鼎所记载的那样。至迟在西周晚期，生活于中国北方的游牧民族又发明了带圈足的铜鍑，这些人群可能是晋陕北部的李家崖文化的主人鬼方之类及其后来者⑧。由于中国北方发现的铜鍑年代较早，并且生活在西北黄土高原的"西戎"中没有鍑的存在，笔者认为中国北方作为铜鍑的起源地是很可能的。

关于铜鍑与秦的密切关系，也有学者加以注意，但笔者并不同意鍑为秦人所创的论断⑨，由于岐山王家村那样比礼县铜鍑更早之物的存在，以及西周后期师同鼎"戎铺（鍑）"的记载，使我们知道所谓的"秦式鍑"应是受北方文化影响的产物而已。从功用角度看，铜鍑既是一种日常实用器，也可作为祭器，或者明器（如侯马所出）。作为日常实用器，鍑可兼有烧煮、盛放食物两种作用，是适应移动生活而类似行军锅那样的器物，但与单纯盛放食物的豆和鼎并不是一类器物。因此有学者在讨论时把豆和鼎也罗列进来，是不恰当的。铜鍑的特点在于它的可移动性和方便性，所以在分析形制时，铜鍑的耳表比足更为重要。被认为是早期铜鍑的郭家庄鍑型器就是如此；延庆西拨子铜鍑下部残破，但也有可能本就没有圈足。此两例足以说明这个观点。

如果对鍑的演进做进一步的探讨，综合各种资料，我们还可做这样的假定：鍑本是北方地区族群所用之物，来源可能与西方陇山东西的"戎"无关（图24、图25），而是北方的"狄"的产物。从最早的师同鼎铭文来看，其中的"戎"可能就是猃狁一类的北方族群，而不是生活于西方的戎人。再从考古发现来说，年代较早的王家村、甘峪鍑，其中墓葬所出的曲刃剑、金丝等，无不表现出墓主与北方甚至东北的联系。另外的礼县鍑⑩，年代也在春秋前期，很可能是秦人从"狄"借鉴的结果。或者就是为"秦人"中的"狄"人制造的，因为秦人在春秋早期伐戎，军队中免不了有外族人士的加入。这样的例子，前有西周晚期宣王给秦仲的七千兵马⑪，后则有春秋中期秦穆公派去护送晋公子重耳的三千"纪纲之仆"⑫，由这两

图24　陇山（宁夏回族自治区泾源县）

图25　陇山东地貌（甘肃省平凉市北）

---

① 陕西省考古研究院.李家崖[M].北京：文物出版社，2013：243-247，333-334，彩版二九：3，图版六四-六六.
② 李刚.中国北方青铜器的欧亚草原文化因素[M].北京：文物出版社，2011：226-231.
③ 刘莉.铜鍑考[J].考古与文物，1987（3）：60-66.
④ SO J F, BUNKER E C.Traders and raiders on China's northern frontier[J].Art in America, 1995, 83（8）：108.
⑤ 滕铭予.中国北方地区两周时期铜鍑的再探讨——兼论秦文化中所见铜鍑[M]//教育部人文社会科学重点研究基地吉林大学边疆考古研究中心.边疆考古研究：第1辑.北京：科学出版社，2002：34-54.
⑥ ERDY M.Hun and Xiong-Nu Type Cauldron Finds through Eurasia[M]//Eurasian Studies Yearbook.[S.l.；s.n.], 1995：5-94.
⑦ 杨建华.中国北方东周时期两种文化遗存辨析：兼论戎狄与胡的关系[J].考古学报，2009（2）：155-184.
⑧ 郭物.鍑中乾坤：青铜与草原文明[M].上海：上海社会科学出版社，2003：17-43.
⑨ 李学勤.论甘肃礼县铜鍑[M]//远望集——陕西省考古研究所华诞四十周年纪念文集.西安：陕西人民美术出版社，1998：396-399.
⑩ 有学者说此鍑为庆阳的征集品。但从花纹、形制来看，应该在春秋早期，此时秦之势力并没有到达庆阳一带，所以此种鍑的原产地应还是秦人在春秋早期之前就已屡见，考古遗存年代较早的天水—宝鸡一带。
⑪《史记·秦本纪》.
⑫《左传》僖公二十四年.

支人马的构成,可以看出其自然是秦、周以外的异族。

有如下的论据,进一步可知中国北方发现的最早的鍑或其记载,与"狄"一系人群紧密相连,而可能与靠西的"戎"无关。笔者怀疑,西周以来中国北方之鍑应是"狄"特有的器物,或许可以作为判断东周族群是否为"狄"的一个标志。

铜鍑在中国北方流行的主要年代为春秋早期—战国早期,战国中晚期以后不多见(除了黄陵的寨头河和史家河两地),时间上与"狄"的历史相吻合。再从分布地域看,据笔者不完全的统计资料,就西可到甘肃东部、关中的周秦之域(宁县、宝鸡、西安一带),北可到陕北(李家崖、绥德、志丹、神木、靖边、黄陵)和内蒙古中南部(准格尔、河套文化博物馆藏品)、冀北(怀来),东可到冀中(新乐、行唐),中间则有晋南(闻喜、侯马)、晋中(太原)、晋北(浑源、代县、原平)。从人群的族属来看,周秦地域内的族属已如上述,或为秦人,或为秦人中从事作战的异族人士,而且很可能来自北方、东北方。陕北为白狄,内蒙古中南部可能是楼烦,晋南、晋中可能为白狄,晋北、冀北为代戎,太行山东侧的冀中应属鲜虞—中山一系,代与鲜虞都是白狄的支系。跳出这个区域,在现在庆阳①、平凉、固原及陇山西侧的"西戎"地域内,除秦之外,并没有年代较早的鍑被发现。从器物本身来看,其中的椭方口鍑(异形鍑)发现于内蒙古中南部、陕北、晋中北三地,包括纹饰都是中原式的,可知其与晋联系紧密,也正是白狄一系族群与晋(魏)关系密切的反映。有学者认为,黄陵寨头河等遗存属于"西戎"系统,源头应是寺洼文化。我们也可以很容易地把寨头河等墓地的主人想象为"西戎"中的义渠,因为义渠的势力在战国时代完全可以到达子午岭以东。但从椭方口鍑的角度,这些论点或许还可商榷,因为陇山西侧的"西戎"包括义渠是不使用鍑的,战国时代魏隔长城与之"界边"之"戎"②,具体是哪支人群——是"戎"抑或"狄"后,还不能遽定(图26)。近年黄陵一带发现了魏长城,搞清楚长城与寨头河、史家河墓地的相对位置关系,或许对解答这个问题有所帮助。不过有一点可以肯定的,发掘者认为是原来晋境内的姜戎③,应是不对的,因为姜戎在春秋时代已经迁到晋之"南鄙"(今晋南至河南三门峡一带),与此处之悬隔数百里之"戎"并无瓜葛。总的来说,白狄系的人群与鍑的联系最为密切已毋庸置疑,至少这个现象是十分值得注意的(图27)。

(三)"戎狄"的人种及相关问题

首先必须说明的是,在划分族群时,人种或体质只是一个相对的概念——这类资料也是在一定程度上才可以利用的。有些学者认为,在区别古代族群时,人种资料是一个比较坚实的依据。其实是不对的,因为这与当今流行的族群理论是背离的,人种资料并非像国内某些学者所想象得那么实,是一个绝对的标准,这是因为划分古代族群还应该考虑到主观因素,即族群成员的自我认同。

我国大陆地区原来具有"民族"含义的族群定义,占主流的是斯大林所提出的民族理论,即所谓的"几个共同"的民族理论④。这个理论的缺陷是明显的,主要是忽略了人的主观因素,如族群成员本身的行为、情感和主观认同注意不够,即使有"共同的心理素质"那样的界定,但语言十分模糊,让人无所适从。这个定义基本是按照"他者"的眼光界定的结果,从一定程度上说来,这样的人群分类也是强加给被界定的对象的。考古学者在以文化因素界定族群时,也会经常犯这样的错误。按照时下流行的族群理论,体质这样的族群特征,在使用时也有它的相对性,也仅仅是族群的客观特征之一,与语言、地域、经济、文化、宗教习惯、制度等处于同等的地位。西周以来,区别族群的主要因素还是文化。文化既可在客观上促使族群认同的产生,也经常在主观上被当作区分族群的标志(无论这种文化因素是客观的还是虚拟的)。

总的说来,"西戎"是我国西北地区的土著居民,"狄"则比较复杂。以前学者们认为,我国北方长城地带的居民的人种特征在战国晚期匈奴兴起之时,才发生了大规模的变化。现在人们知道,至少在春秋晚期,已经有大规模的北亚类型人群的南下,同时中原人群的北上从新石器时代以来一直没有停止过。因此,东周时代"北狄"的人种是多种特征并存的,而且处于不断的融合之中。

例如,对于属于"西戎"的寺洼文化,朱泓研究了其中合水九

图26 魏长城(陕西省韩城市)

图27 黄陵寨头河遗址出土的铲足鬲

---

① 近期在宁县石家墓地出土的鍑形铜鼎年代大致在春秋中期,其主人可能为周遗民而非戎。蒙张俊民先生告知,特此致谢。
② 《史记·匈奴列传》。
③ 孙周勇,孙战伟,邵晶.黄陵寨头河战国墓地相关问题探讨[J].考古与文物,2012(6):79-86.
④ 斯大林在《马克思主义与民族问题》一文中,认为"民族是人们在历史上形成的一个有共同语言、共同地域、共同经济生活以及表现于共同文化上的共同心理素质的稳定的共同体"。见斯大林.斯大林全集:第2卷[M].北京:人民出版社,1953:289-358.

站的人骨材料，其特征与现代南亚蒙古人种最为接近，体质类型上也大体同西村周组所代表的周人一致[1]。王明辉则对徐家碾的人骨材料进行了更加细致的研究。此处的人种材料与代表周人的凤翔西村、铜川瓦窑沟、侯马天马曲村人骨材料存在着较大的聚类距离，而与合水九站、神木寨峁组聚类，故寺洼文化的主人当是陇东和陕北的当地居民，他们与周人在体质上属于不同的类型[2]，大致属于有学者所说的"古西北类型"[3]。两处的材料说明，寺洼文化的主人就是我国古代西北地区的土著居民，而不像"胡"那样是外来的。

关于"狄"之人种，上文曾引杨建华列举的白庙I组和玉皇庙墓地的资料，他们的人种特征都属于"古华北类型"，这说明所谓的"狄"最开始可能就是华北、西北的土著居民。还有其他的一些资料，也可作为证据。例如，山西中南部乡宁内阳垣春秋时期的人骨资料，虽有所变异，但仍属"古华北类型"[4]。从两周之际的西麻青的人骨资料看，狄之地域内又有中原人群的北上，这个过程一直延续到战国时代中原诸侯的拓土行动。从陕北一带东周遗存的文化特征（包括著名的铲足鬲的分布）来看，这些北上、东进的人群是不能排除"西戎"的。东周时代"狄"的人种变迁的另一个突出现象，是春秋晚期以来具有"北亚类型"人种特征的人群的大规模南下。在战国时代，传统而明晰的"狄"的概念消失而更加宽泛的"北狄"概念出现之时，"狄"之人种已经变得复杂起来了。此时的"狄"的概念，包括原来的"狄"人，也含有北上的中原人士，还有南下的"胡"人（包括后来的匈奴）。"狄"就是中原人士眼中操持畜牧、文化有差异的人群而已。"狄"所在的区域，也远超出了原来的陕、晋、冀及内蒙古中南部，已经泛指具有上述特征的所有北方人群了。下面根据张全超的统计，综合相关资料，罗列内蒙古中南部的人种资料，以期说明东周时代"狄"之人种变化[5]。

西麻青，西周晚期—春秋早期，古中原类型[6]；

西嘴子墓地[7]，春秋中期—战国早期，北亚类型；

西园[8]、桃红巴拉[9]、新店子[10]、阳畔[11]，春秋晚期—战国早期，北亚类型；

崞县窑子[12]，春秋晚期—战国早期，北亚类型、古华北类型[13]；

小双古城[14]、忻州窑子（板城）[15]，春秋晚期—战国早期，北亚类型、古中原类型；

毛庆沟[16]（春秋晚期—战国中期）、饮牛沟[17]，春秋晚期（？）—战国末期，古华北类型、古中原类型；

和林格尔土城子墓地[18]、将军沟墓地[19]（赵移民），战国中晚期，古中原类型[20]；

清水河县后城嘴墓地，战国晚期，古中原类型。

从这些资料来看，战国时代含义宽泛的"狄"或"北狄"，至少是中原、华北、北亚三种不同来源、不同人种特征的人群交融的结果，民族或族群的碰撞和新生，在西北、华北的长城地带的"狄"之地域内，得到了生动的展示。

---

[1] 朱泓.合水九站青铜时代颅骨的人种学分析[J].考古与文物，1992（2）：78-93.
[2] 王明辉.甘肃庄浪徐家碾寺洼文化人骨研究[M]//中国社会科学院考古研究所.徐家碾寺洼文化墓地——1980年甘肃庄浪徐家碾考古发掘报告.北京：科学出版社，2006：214-237.
[3] 朱泓.建立具有自身特点的中国古人种学研究体系[M]//吉林大学社会科学研究处.我的学术思想.长春：吉林大学出版社，1996：471-478.
[4] 贾莹.山西浮山桥北及乡宁内阳垣先秦时期人骨研究[D].长春：吉林大学，2006.
[5] 张全超.内蒙古和林格尔县新店子墓地人骨研究[D].长春：吉林大学，2005：77-89.
[6] 张全超.内蒙古和林格尔县新店子墓地人骨研究[D].长春：吉林大学，2005：80-82.
[7] 张全超.内蒙古和林格尔县新店子墓地人骨研究[D].长春：吉林大学，2005：79.
[8] 内蒙古文物考古研究所，包头市文物管理处.包头西园春秋墓地[J].内蒙古文物考古，1991（1）：13-24；常娥，张全超，朱泓，等.内蒙古包头市西园春秋时期墓地人骨线粒体DNA研究[M]//教育部人文社会科学重点研究基地吉林大学边疆考古研究中心.边疆考古研究：第6辑.北京：科学出版社，2008：364-370.
[9] 田广金.桃红巴拉的匈奴墓[J].考古学报，1976（1）：131-144；潘其风，韩康信.内蒙古桃红巴拉古墓和青海大通匈奴墓人骨的研究[J].考古，1984（4）：367-375.关于桃红巴拉墓地的年代，旧说在战国时期，此从张全超、杨建华改为春秋晚期—战国初期。见张全超.内蒙古和林格尔县新店子墓地人骨研究[M].北京：科学出版社，2010：79-80；杨建华.中国北方东周时期两种文化遗存辨析：兼论戎狄与胡的关系[J].考古学报，2009（2）：155-184.
[10] 内蒙古文物考古研究所.内蒙古和林格尔县新店子墓地发掘简报[J].考古，2009（3）：3-14；张全超.内蒙古和林格尔县新店子墓地人骨研究[M].北京：科学出版社，2010.
[11] 张全超.内蒙古和林格尔县新店子墓地人骨研究[M].北京：科学出版社，2010：80.
[12] 内蒙古文物考古研究所.凉城崞县窑子墓地[J].考古学报，1989（1/2/3/4）：57-83；朱泓.内蒙古凉城东周时期墓葬人骨研究[M]//《考古》编辑部.考古学集刊：7.北京：科学出版社，1991：169-191.
[13] 张全超.内蒙古和林格尔县新店子墓地人骨研究[M].北京：科学出版社，2010：80.
[14] 内蒙古文物考古研究所.内蒙古凉城县小双古城墓地发掘简报[J].考古，2009（3）：15-27；张全超.内蒙古和林格尔县新店子墓地人骨研究[M].北京：科学出版社，2010：80.
[15] 内蒙古文物考古研究所.内蒙古凉城县忻州窑子墓地发掘简报[J].考古，2009（3）：28-48.
[16] 潘其风.毛庆沟墓地人骨的研究[M]//田广金，郭素新.鄂尔多斯式青铜器.北京：文物出版社，1986：316-341；朱泓.内蒙古凉城东周时期墓葬人骨研究[M]//《考古》编辑部.考古学集刊：7.北京：科学出版社，1991：169-191；朱泓.内蒙古长城地带的古代种族[M]//教育部人文社会科学重点研究基地吉林大学边疆考古研究中心.边疆考古研究：第1辑.北京：科学出版社，2002：301-313.关于毛庆沟墓地的年代，陈畅的最新研究认为在战国初期至秦统一。参陈畅.岱海地区战国时期墓地研究[D].长春：吉林大学，2008；陈畅.毛庆沟墓地年代学研究[J].考古与文物，2010（1）：69-73.
[17] 朱泓.内蒙古凉城东周时期墓葬人骨研究[M]//《考古》编辑部.考古学集刊：7.北京：科学出版社，1991：169-191；朱泓.内蒙古长城地带的古代种族[M]//教育部人文社会科学重点研究基地吉林大学边疆考古研究中心.边疆考古研究：第1辑.北京：科学出版社，2002：301-313；何嘉宁.内蒙古凉城县饮牛沟墓地1997年发掘出土人骨研究[J].考古，2001（11）：80-86；王海晶.东北、内蒙古地区三个古代人群分子遗传学研究[D].长春：吉林大学，2007.
[18] 顾玉才.内蒙古和林格尔县土城子遗址战国时期人骨研究[M].北京：科学出版社，2010.
[19] 张全超，曹建恩，朱泓.内蒙古和林格尔县将军沟墓地人骨研究[J].人类学学报，25（4），2006：276-284；王海晶，刘伟强，付玉芹，等.内蒙古和林格尔县将军沟墓地古人骨分子生物学研究[J].自然科学进展，2006，16（7）：894-898.
[20] 内蒙古文物考古研究所，清水河县文物管理所.清水河县后城嘴遗址[M]//魏坚.内蒙古文物考古文集：第二辑.北京：中国大百科全书出版社，1997：151-164；顾玉才.内蒙古清水河县后城嘴墓地人骨研究[M]//教育部人文社会科学重点研究基地吉林大学边疆考古研究中心.边疆考古研究：第5辑.北京：科学出版社，2007：288-293.

说到人种，我们不能不谈狄之姓。

先秦时代的姓，是一个具有血缘与地域双重含义的概念。学者们经常强调血缘而忽视地域因素，炎黄与姜、姬二水的联系就是个最明显的例子。所谓的黄帝后裔得姓者二十有五，此二十五也当自地名而来。血缘的一面，可以是真正的血缘关系，也可以是虚拟的。从地缘来说，同处一地的人群，即使没有血缘关系，也可为同姓①。赤狄隗姓，"隗"与"鬼"同，故表明了其与鬼方的联系，这种联系可能是血缘与地缘共同作用的结果。白狄中有姬姓，如晋文公重耳母家的大戎狐氏，还有鲜虞中山。周人是以姬、姜两姓为主体组成的集团，与白狄同为姬姓，表明了二者之间扯不断的联系。此点已经被许多学者注意到。若仅仅考虑地缘因素，我们也可以推测，周人与白狄应该有相同的起源地，起码曾经生活在一起。姬，按文献记载是一水名，笔者十分怀疑就是大名鼎鼎的洛水，因为此条河在文献中也叫漆沮水，读音上或许可以相通。再就是周人、白狄都可与此条河流经的陕北地区扯上关系②。有趣的是，周人崇拜黄帝，黄帝也曾"东迁"，从姬水一直到了冀北，此与白狄东迁的路线相似。这可能不仅仅是巧合。在冀北的地名中，有黄帝"都城"涿鹿，与炎帝争战的阪泉，大会诸侯的"釜山"，它们皆在今延庆一怀来之间③。此地在战国早期赵襄子灭代前皆属代戎，所以也可能是属于白狄的代戎从西方把黄帝传说带到了这里，而不是姬姓的燕。后来司马迁又把燕地神仙家的黄帝历史化了，遂使黄帝正式成了五帝之首。所以，冀北与黄帝的密切联系，可能也暗含了白狄的西北起源及其与周的联系。

（四）小结

综上，笔者认为，虽然"戎"的意义相当宽泛，但与秦史相连接的所谓的"戎"，就是指商周时代的西北土著，无非是文献所称的犬戎、"西戎八国"、羌、"西戎"之类，人种比起"狄"相对单纯。"狄"则比较复杂，早期可能就是西北、华北的土著，战国以后含义变得宽泛，既包括华北土著，还有北上之中原人士及南下之"胡"（包括匈奴），或许还有东迁之"戎"。与秦交接者，主要是白狄，来源或是华北土著，或如林、杨所说，是被逐而向东迁徙之"西戎"。从文化上看，"西戎"与"北狄"确实是有差异的人群，生活地域也不同。"戎狄"有不同的支系，犬戎、鬼方、狝狁等族群，就是不同时代在此农牧交错地带代有迭兴的"戎狄"的不同支系而已。

"戎狄"的文化富有农牧交错地带的特色，与中原偏重农业的族群不同，文化多元，畜牧色彩浓厚。在更早的时期，"戎狄"即与中原及更北的人群产生人种和文化交流。东周以后，由于中原族群的拓土、兼并行为，以及"胡"的大规模南下，这个过程有加快的趋势。

先秦时代的"戎狄"，对于华夏的建构，乃至后来的汉民族、中华民族的形成，都起到了非常重要的作用。因为民族或族群，总是在互动中才会产生，"华夏"与"蛮夷"是并生并存的关系，而且一个古老民族的形成，总是经历无数"环节"构建的结果，任何一个环节都是不可或缺的④。周人由于资源竞争，早期历史中或许还有被"戎狄"挤压所留下的痛苦记忆，他们开始强调夷夏之别，所以造成了中原人群所具有的"戎狄"文化落后与豺狼般野蛮的长久印象。其实，同中国历史中其他方向的少数族群一样，"戎狄"在历史上也曾是这块土地的主人，他们也是我们共同的祖先。

二、非子前的秦戎关系推测

秦人在西周中期偏晚的非子时代受封为附庸，从此走向强大。此前的情况并不是十分清楚，资料少而且抵牾，却与秦戎关系相连接，本节试作推测。

基于现有的许多考古学证据，当下的学者大多倾向于认为秦人来自东方。笔者认为，这些证据之中，最具说服力的有以下两点：

一是秦宗室贵族墓所具有的成组的特征，如墓东西向、墓主头西向、腰坑殉狗、人殉等等，其中若干项与西周时代关中以西的殷遗民墓葬特征相同，腰坑是其中一个最重要和常用的指标。这些腰坑墓的主人虽然不能一一确定，但至少可以说明，属于其中的秦祖，也可能与殷遗民类似，是东来的。但是同时，有一种可能还是不能排除，即秦祖可能是从殷遗民那里借鉴了这些因素的，从而可能否定秦人东来之说。因为根据考古发现，西周初年以来，就有许多殷遗民被派往边地，与戎人比邻而居。

学者们经常会用腰坑、日名等作为判断是否殷遗民的证据。若以关中内外周之京畿与诸侯国的考古发现来验证西周时期墓葬有腰坑者大多为殷遗，应该问题不大。本节所讨论的商周时代秦祖早期的活动，以及对秦祖地位的判定，对于认识西周时期关中以西腰坑墓的族属，是有帮助的。

二就是"清华简"的证据。"清华简"具体说了秦祖的西迁过程，虽不可尽信，但却很珍贵。

《史记》卷六《秦本纪》，是研究秦史最主要的文献之一，早期秦人与"戎狄"的关系，其中也有反映。《秦本纪》记载有下面一段话，提到了秦祖与"西戎"之一申戎的婚姻：

申侯乃言孝王曰："昔我先郦山之女，为戎胥轩妻，生中潏，以亲故归周，保西垂，西垂以其故和睦。今我复与大骆妻，生适（嫡）子成。申骆重婚，西戎皆服，所以为王。"

这段话的背景大家都知道：西周中期，秦祖非子为周王室养马有成，周王室欲立非子为大骆嫡嗣，可是西戎申侯之女与大骆父所生之子成却是长子，孝王最后听从了申侯的话，采取了个折中的办法，把非子封到秦（今宝鸡东），"使复续嬴氏祀，号曰秦嬴。亦不废申侯之女子为骆适（嫡）者，以和西戎"（图28、图29）。

从字面看，周孝王听从申侯的话有两个相互联系的原因：第一，秦、申戎之间世代的婚姻关系；第二，秦、申的婚姻造就了周的西部边疆长期安宁无事的局面。背后的原因可能还是，申氏势力强大并且与周临近（其地在今关中西部眉县一带），致使周王不得不重视他的话。大约百年之后的西周末

---

① 钱杭.血缘与地缘之间——中国历史上的联宗与联宗组织[M].上海：上海社会科学院出版社，2001：86-90.
② 《史记·周本纪》记载周人立国前曾"窜于戎狄之间"，而白狄与洛水的关系更毋庸置疑。
③ 《史记·五帝本纪》之《正义》及所引《括地志》。
④ 如顾立雅所指出的那样，先秦时代的"戎狄"与商周等族群不断交往并融合，共同形成了"华夏"及后来的汉人。参CREEL H G.Origins of the Statecraft in China[M].Chicago and London：The University of Chicago Press，1970：196-197.

图28 陇山腹地（甘肃省清水县秦亭乡）

图29 千渭之会（陕西省宝鸡市陈仓区）

年，还是这支申戎，联合犬戎灭了西周，迫使周室东迁洛阳。

西周时代的西北边疆，包括周之核心区的渭水流域，存在一个复杂的政治-文化系统，这里既有姬、姜周人，也有戎人（其中一些是与周无统属关系的他邦君长，如姬姓的吴；姜也本出于戎，申戎即姜姓），还有嬴姓的秦。王明珂在解析这件事的时候，认为秦本出于戎，但政治-文化上受周的影响相当深，周孝王此举，是为了培植非子为大骆族戎人的首领，希望以此控制戎人并抑制姜姓申侯的势力[1]。笔者认为，由申、秦婚姻故事，可知申在周王朝中有相当的地位，很可能是周朝姬、姜联盟的支柱。因为，秦、申之间的婚姻，与历史上的许多情况类似，都属政治婚姻，只有在双方实力相当的情况下才可产生。申在周人中地位较高，如果地位较低，则商末秦祖中潏不会因为娶了申氏的女子就去商归周，后来在本次事情中孝王也不一定就听从申侯的言辞了。由此推测，与申通婚的秦祖，其地位也不可能太低。

由上述论述看，似乎西周时期申与秦是周王朝西北边疆两个最重要的族群，而且与周王室都存在着一定程度的统属关系，其中秦人的地位，特别是非子受封之前一段时间，并不以前想象得那么低，并

且与戎有扯不开的关系。不过，这个推测仍然有以下两个疑点：一是缺乏物质方面即考古学的证明；二是申侯的话到底是否历史实情，仍然存在可疑之处，或者至少具有夸大的成分，都是可能的。

除《秦本纪》之外，按照"清华简"的记载，也可窥得大致相同的秦戎关系，这可能是司马迁没有看到的资料：

周武王既克殷（殷），乃藉（设）三监于殷（殷）。武王陟，商邑兴反，杀三监而立禄子耿。周成王屎（始）伐商邑，杀禄子耿，飞厝（廉）东逃于商盍（盖）氏。成王伐商盍（盖），杀飞厝（廉），西豐（迁）商盍（盖）之民于邾虐，以御奴虐之戎，是秦先=（先人）。[2]

文中叙述秦祖飞廉与文献中东方的商奄氏为同族，直至周初成王时代才被迁往西方的邾虐抵御戎人，比《史记》所记为晚，所载经过也与《史记》迥异；但《史记》与"清华简"有一个核心是相同的，就是秦祖在西周时为周防御戎人，这至少说明东周至西汉时代，秦祖为周防备戎人的说法是一直存在的。"清华简"所记秦祖故事在西周早期，《秦本纪》所记非子故事在西周中期偏晚，但是否就可据此两则材料说明秦祖地位在西周早中期曾有升降，还是不太明朗的。

周人的起源，与西北"戎宗"有扯不断的关系。早年的周人曾长期在陕甘一带的"戎狄"间生活，迁居岐下之后，比邻的"戎狄"仍然对周人构成了威胁。武王灭商建立周朝，乃"放逐戎夷泾洛之北"[3]，也就是陇东、陕北一带。从现在的考古发现即可说明，西周早期，周人曾经沿着重要的交通要道布局对西北"戎狄"加以防范，比如鬼方那样的北方族群。我们知道，西周时期的"戎狄"，并不如后来的匈奴使用骑兵作战而具有很强的流动性，他们作战所使用的还是车与步兵，对地形、交通依赖很大，故周王朝不须像后世那样修筑长城，而只须在要害处建立关隘城邑，守住交通要道即可。《诗经》所记周朝"城彼朔方"，说的就是这个事情（图30）。东方的族群曾经大规模地参与了对西北族群的防御。在关中及其周边的泾、渭流域，发现了许多西周早期的墓地，其中一些墓葬具有腰坑，其主人被认为

图30 萧关（宁夏回族自治区固原市）

①王明珂.华夏边缘：历史记忆与族群认同[M].北京：社会科学文献出版社，2006：140-145；李峰.西周的灭亡：中国早期国家的地理和政治危机[M].上海：上海古籍出版社，2007：200-220.下引李说非注明者出处同。
②李学勤.清华大学藏战国竹简（贰）[M].上海：中西书局，2011：141-143.
③《史记·匈奴列传》。

图31 李崖墓地（甘肃省清水县）

图32 李崖遗址M5出土陶鬲（甘肃省文物考古研究所藏）

是殷遗民。这些墓地的所在，大多都可以看作一个军事据点，其分布无不扼守交通要道，最北的已经到了固原西郊的中河乡，最西的则有近年发现的陇山以西的清水李崖墓地，后者被发掘者认为与秦人所居的秦有关（图31、图32）。对于泾水流域的腰坑墓，路国权认为，其中出土有鸟形族徽青铜器的庆阳韩滩庙嘴、旬邑下魏洛西周早期墓，可能与秦祖有关，大约是秦别祖季胜的那支①。这种可能性是存在的。

综上，与我们历来的认识不同，西周中期受封为附庸之前，秦祖的地位可能并不低，由于防御戎人的关系，在周王朝中还有一定地位。这里所说的秦祖，指秦的直系祖先，即飞廉子恶来的这支，而不是别祖季胜，即生活于山西的那支。后者地位较高，《秦本纪》有明确记载，那是因为造父为穆王驾车的缘故。秦的直系祖先的生活地应该更加靠西，即"西垂"，与戎的关系也应更为密切，既防御戎，也与戎和平往来，如婚姻②，地位可能比原来有些学者推测的要高。但是否就像王明珂解析的那样，此时的秦人成了周人西北边防的支柱，甚或欲让非子继承正统就是为了抑制申侯的势力，笔者还不敢轻下结论。

三、秦对"戎狄"政治控制的进程

中原王朝对四裔的控制是一个渐进的过程，从商周一直延续到了秦，最终形成了统一的集权国家。商人的统治，是以血缘及宗教神权、武力等等相结合建立起来的等级结构。周人在灭商前，已经使用武力取得了三分天下而有其二的局面，其中就包括羌等"戎狄"的前身。灭商之后周人则实行分封，血缘的控制作用被抬高到至上的地位。可是，血缘的力量主要是在周人的血缘等级结构内部发挥作用，对于周政治版图内的外族，这些手段显然是不够用的。纵观周朝的历史，武力、婚姻、政治联盟等等，都曾作为周人控制外族的选项。

秦对"戎狄"的征服和控制，是春秋初年建国以后的事情。建国前秦人虽有伐戎之举，但由于处于守势，秦人的身份也仅是周臣，谈不上控制。春秋初年建国之后，秦人拥有了法理上的政治权力与地域版图，即作为一个诸侯国家而存在。在建立国家、扩充势力的过程中，秦与"戎狄"的交往就变成了不可避免的事情。与此政治进程相伴随的，还有文化和人种的混合。从春秋初年建国一直到秦人政治上最为辉煌的秦代回望，这样的进程实际可以上溯到商和西周，秦与"戎狄"之间的关系只是此前夷夏关系的延续③。

（一）回望商与西周

从商代中晚期到西周中期，在晋中及西北、陕北高原，存在着一支著名的族群——鬼方。商代晚期以来，鬼方曾有一个向关中南下的过程，李家崖文化向南的扩展，以及在陕北及关中北部发现的商代晚期的铜器，就是证明。《史记·匈奴列传》记载，商代后期，"戎狄攻大王亶父，亶父亡走岐下，而豳人悉从亶父而邑焉，作周"，其中亶父亡豳走岐作周的历史变故，或可与上述考古资料的分布对应，攻周的"戎狄"或许就是鬼方④。作为"西伯"的文王，《匈奴列传》记载也曾"伐畎夷氏"。这个南下的趋势一直延续到了西周早期，周王朝不得不与鬼方发生大规模的战争，一如小盂鼎铭文所记载的那样。

西周时期，关于周与"戎狄"关系，《汉书·匈奴传》中有一段记载，与古文字和考古资料也相当吻合，其文曰：

武王伐纣而营雒邑，复居于丰鎬，放逐戎夷泾、洛之北，以时入贡，名曰荒服。其后二百有余年，周道衰，而周穆王伐畎戎，得四白狼四白鹿以归。自是之后，荒服不至。于是作《吕刑》之辟。至穆王之孙懿王时，王室遂衰，戎狄交侵，暴虐中国。中国被其苦，诗人始作，疾而歌之，曰："靡室靡家，猃允之故"；"岂不日戒，猃允孔棘"。至懿王曾孙宣王，兴师命将以征伐之，诗人美大其功，曰："薄伐猃狁，至于太原"；"出车彭彭"，"城彼朔方。"是时四夷宾服，称为中兴。

在这段话中，班固把西周时期的周与"戎狄"的关系分为两个阶段，其中以穆王时代为转折点。第一阶段，西周早中期。周初武王放逐"戎夷"于泾水、洛水之北，至于穆王，延续了200余年，周与"戎夷"保持的是主臣关系。第二阶段，西周中期至西周灭亡。穆王征犬戎，导致周戎关系恶化，两世后的懿王时期，周王室开始衰弱，"戎狄"也开始侵略"中国"，这一情势一直延续到西周后期。其中猃狁威胁最大，一如《诗经》所咏的那样。虽然西周晚期有宣王那样的有作为的君主，号称"中兴"，使四夷重新臣服，但终究改变不了戎灭西周的历史大势。

从这样的文献，可以把这两个阶段的周与"戎狄"的关系简单总结为：第一阶段以主臣关系为主，周人在与"戎狄"的关系中具有较强的优势；第二阶段则是对立，是"戎狄"主动进攻中原的时期。

在古文字资料中，第一阶段中，西周王朝对东、南方向都保持了军事和政治上的优势，对北方的鬼方，周人也取得了战争上的重大

---

① 路国权.西周时期泾河流域的腰坑墓与秦族起源[J].咸阳师范学院学报，2009（5）：1-8.路文中说皋狼一支，按其所指实为季胜一支，而皋狼为地名，非人名，路文误。
② 秦与其他族群的婚姻，遵从的是古代普遍实行的族外婚制，如商末—西周中期与之通婚的姜姓的申。此又可证秦非商即戎的身份，秦若是戎，则是戎之非姜的一支。春秋以后，秦与周、鲁、晋、楚等之婚姻，莫不是族外婚。
③ 笔者此处这样说，并不是说三代的任何时候就一定有明晰的夷夏观念。明确的夷夏观念，大概是西周以来才有的，是中原与外族矛盾激化的结果，一如后来中国历史上的许多时期那样。
④ 曹玮.陕晋高原商代铜器的属国研究[M]//李宗焜.古文字与古代史：第二辑.臺北："中央研究院歷史語言研究所"，2009：303-327.

胜利,依此可知《匈奴列传》所说的此时的"戎狄""荒服"是可信的。据考古资料记载,周文化的分布,西周早期已经向北到达了固原一带,如固原中河乡的西周早期墓葬①,东可到庆阳,如合水兔儿沟的三座西周早期墓②。这些遗址的分布十分有趣,即大部分都在泾河流域的交通要道上,如固原、平凉、灵台、庆阳、宁县、长武、彬县、旬邑、淳化等等,而且从腰坑等葬俗来分析,其中的很多墓葬应该是属于来自东方的殷遗民的③。显然,周王朝使用东方族群来防守来自北方的威胁,这个威胁来自泾河上游地区,此正是文献所记的"戎狄"位于"泾洛之北"的证据。对"泾洛之北"的理解,不一定就在两河的北侧,即"戎狄"所居的农牧交错地带,大致还应指关中之北的陇东、陕北一带。李峰曾推测后来西周晚期的猃狁应来自固原一横山一线。笔者认为,西端为固原应该有一定道理,但推测东端为横山,则可能失之偏颇(图33)。

在第二阶段,即西周中晚期,周戎关系完全改变了,最突出的就是有名的强梁族群——猃狁对周的侵扰。在《诗经》与文献、青铜器铭文中,都可以见到猃狁的记载。猃狁已经可以侵入周之关中腹地,这是西周晚期的重大事件,使周人震恐而不遑宁居。此时在北方的泾河流域,周文化遗存十分少见,相反,则有延长铜器群④和宁县宇村⑤等具有北方文化因素的遗存存在。若分区观察,从西周中期开始,可以观测到一个十分相似的现象,即陇山西侧的礼县一带,《秦本纪》载"周厉王无道,诸侯或叛之,西戎反王室,灭犬丘大骆之族";陇山东侧,除了先周或西周早期的遗存,年代最晚的周文化遗存,纪年也只是延续到了西周中期,如靠南有灵台白草坡⑥和西岭⑦,偏北的则有崇信于家湾⑧;向东,庆阳一带,则有上述具有北方文化因素的宇村与延长遗存,还有焦村西沟周文化遗存⑨;若再向东越过黄河,文献记载则有宣王时期与姜氏族之戎的千亩(今山西介休)之战。可见,始于西周中期的"戎狄"对周王朝的"反叛"和侵扰,在陇山东西直到陕北、晋中一带都是存在的,而且是大规模的。对于这些族群,可以推测,陇山以西是戎人,陇东、陕北可能是猃狁,晋中则有姜氏之戎。其中,猃狁的威胁无疑是最大的,延长岔口和宇村遗存或都与猃狁有关。

察看延长安沟乡岔口村出土的青铜器窖藏可发现,器物时代差距大,西周早期和晚期的器物都有,窖藏本身的年代在春秋初年。曹玮因此推测,西周时期的陕北高原,被鬼方或其他北方族群控制着⑩。其实我们也不一定拘泥地理解这个族群就是鬼方,因为鬼方在西周早期已经被周人打败,于史无名。若认定窖藏的主人是北方人士,最好将其理解为本地族群的不同支系,这些"无相长一"且分支繁多的族群,若哪支势力变得强大并以某种方式(如战争)进入周人的视野,便有可能被记录下来。从这个角度理解,鬼方、猃狁、昆夷等等,包括历史上的许多"戎狄"之名,并不是同一族群在不同时代的名称,而是"戎狄"的不同支系之名,也不一定就是同源的。早年王国维的说法应是错误的⑫。

宇村位于甘肃庆阳宁县东北约75千米处,此处为子午岭西侧的黄土塬区,西为泾河支流马莲河(图34),河西就是著名的董志塬,向东越过子午岭(图35),为陕西境内有名的洛川塬,东西两地的地形与宇村都十分相似。后来,宇村一带成了义渠戎的腹地。这是一处内涵丰富的西周遗址,面积在1万平方米以上。1983年被清理的M1为一南北向墓葬,出土有青铜器计22件,包括礼器、兵器、车马器、生活用具,还有骨、蚌器8件。这座墓十分重要,经常被拿来讨论,原因在于墓主的族属和所出器物,经常会引起研究者丰富的想象。

李峰认为,西周晚期猃狁那样的族群势力强大,类似的族群可能控制着北方,西周晚期陇东、陕北等地西周晚期遗存稀少正是这个情况的反映。在宇村青铜器群中,有许多北方的因素,如宇村所出的青铜杯就与延长所出相似,而大部分青铜器则与周的风格相异,与白草坡器物群周文化因素占主导地位的情况不同。因此他推测,M1的主人

图33　泾河(甘肃省泾川县)

图34　马莲河(甘肃省宁县)

图35　子午岭调令关(陕西省旬邑县)

①固原县文物工作站.宁夏固原县西周墓清理简报[J].考古,1983(1):982-984.
②庆阳博物馆资料.
③路国权.西周时期泾河流域的腰坑墓与秦族起源[J].咸阳师范学院学报,2009(5):1-8.
④姬乃军,陈明德.陕西延长出土一批西周青铜器[J].考古与文物,1993(5):8-13.
⑤许俊臣,刘得祯.甘肃宁县宇村出土西周青铜器[J].考古,1985(4):350,图版五:1.
⑥甘肃省博物馆文物队.灵台白草坡西周墓[J].文物,1972(12):2-8.
⑦甘肃省博物馆文物队,灵台县文化馆.甘肃灵台县两周墓葬[J].考古,1976(1):39-48,38.
⑧甘肃省文物考古研究所.崇信于家湾周墓[M].北京:文物出版社,2009.
⑨庆阳地区博物馆.甘肃宁县焦村西沟出土的一座西周墓[J].考古与文物,1989(6).
⑩根据《诗经》与金文,猃狁的地域都与陇山以西无涉。
⑪曹玮.陕晋高原商代铜器的属国研究[M]//李宗焜.古文字與古代史:第二輯.臺北:"中央研究院歷史語言研究所",2009:303-327.
⑫王国维.鬼方昆夷猃狁考[M]//王国维.观堂集林:卷十三 上海:上海书店出版社,1992.

可能是来自北方的一位人士，具体说应是来自北方草原地带的居民。

在笔者看来，宇村 M1 的器物特征总体还是颇具周文化色彩的，礼器自不必说，就是被认为最具北方特征的杯，其纹饰还是中原式的。立体或平面的铜虎饰，与宝鸡䤺国墓地的玉虎[1]也很相似，类似的还有西周中晚期的扶风黄堆 M1 铜虎饰[2]。虽然䤺国墓地的主人可能是氐羌系的人士，但还是割不断宇村铜器与周的联系。在宇村西、马莲河西岸的焦村西沟，同样也有一座出有青铜器的西周晚期墓葬 M1，但墓底确有圆形的腰坑，墓主或是为周守边的东方人士。还有庆阳博物馆所藏零星出土的西周青铜器，无不反映了庆阳与周文化的联系。笔者推测，宇村 M1 的墓主可能是与周有联系的北方居民的首领，但并不一定就来自更北的草原地带。那柄有名的宇村剑，是最能反映墓主的北方族群身份的。如上文所说，这柄剑被作为"戎狄"式"花格剑"的祖型，并被作为"戎"与"狄"相关的证据，来证明"狄"为东迁的"戎"。但即使如杨建华所说的，其祖型可能来源更远，也并不能证明主人就来自更北的草原地带。与宇村剑年代相似的黎城西关 M10 铜柄铁剑所在之黎，曾是商王的田猎区[3]，周灭黎改封尧后于此，春秋前期被赤狄潞氏所灭，这柄剑的主人可能是赤狄，属于华北土著，而非草原民族。至于宇村 M1 墓主所拥有的青铜礼器，应是以战争等方式获取的，目的也是表明自己崇高的身份。再进一步说，这些器物很可能就属于有名的猃狁，并且主人的生活地是与周比邻的。

周文化在周人灭商之后，逐渐成了黄河流域的主流文化，其影响巨大，与周边族群文化相较，当然属于"先进"的一类。周边族群包括"戎狄"，对周文化的艳羡、仰慕也是在所难免的，所以对周文化的学习和模仿，直至拥有周式的器物，都是很正常的事情（图 36）。从人类学角度看，拥有了这些难得的器物，才可以在各自的族群中确立自己的领袖地位。林沄曾指出，"戎狄"文化不一定是跟周文化完全相异的[4]，前述陕北李家崖等东周的遗存就是例证。宇村 M1 猃狁一类遗存，再次证明了这个论断。

通过以上分析，可知陇东、陇北一带在西周中晚期可能还在猃狁那样的戎人的控制之下。宁县焦村西周墓地所处的位置，现在还是庆阳通往子午岭及关中北部的交通要道，墓地所反映的，与西周早期泾河流域周人势力的存在极为相似。在猃狁的来源还存在着农牧交错地带与更北的草原地带的争议的情况下，笔者认为可能的情况是，西周晚期的宁县一带，正是周人与猃狁战争的前线和胶着地带，《诗经》中"薄伐猃狁"所至的"大原"，也不会在更加遥远的北方，而应就是今天的董志塬。

（二）秦

东周以降，秦人崛起并立国，政治重心也从陇西向关中西部转移。东周以来秦与"戎狄"的关系，需要分区叙述。

首先讨论关中—陇山东西地区。

这个区域主要是所谓的"西戎"之域，其中的邽（今天水）、冀（今甘谷），秦在春秋早期武公时期就设立初级的"县"进行管理。此时的"县"比较突出的一点，是它的边地军事据点性质，最高管理者也不像后世那样是可以撤换的官僚，而是世袭制下的贵族[5]。

秦对"西戎"的扩张，春秋早期最主要的行为是驱逐关中一带的戎人。后来秦对戎最具影响的事件，就是春秋中期的穆公霸"西戎"。"霸"即所谓"威服"[6]，即以军事实力为后盾，对"西戎"行使一定层次的控制权。诸戎对秦要尽臣服之职；同时，秦也对戎族有一定的义务，如保护的责任，因此才有"绵诸乞援"那样的事件发生[7]。这些不同支系的戎人，先是秦霸权下的臣服之国，后来在战国中期商鞅变法之后，文化上还有"戎狄"色彩的则被认为是"蛮夷"而设"道"以统治，被同化者则设县。"霸"这种控制方式，与商鞅变法后实行的典型的地方行政制度——郡县制不同，后者是一种对境内人群完全的行政覆盖，在地方行政制度发展史上，与"霸"属于不同的层次和发展阶段（图 37）。需要指出的是，秦所"霸"之戎，并不包括春秋早期已经臣秦的冀、邽等戎人生活区域。这些地方由于与秦发生关系早而密切，文化上也已早属中原系统，并不被秦之精英阶层看作"蛮夷"，所以在战国中期商鞅变法之时，秦在此设置的是县而不是道，其所在应是当时秦版图的最西端。道所设置的区域，是秦所认为的"蛮夷"之地。秦对"西戎"的控制，从春秋时代开始，就采取了两种不

图36　灵台白草坡墓地出土兵器（甘肃省博物馆藏）

图37　商邑遗址（陕西省丹凤县）

---

[1]宝鸡茹家庄西周墓发掘队.陕西省宝鸡市茹家庄西周墓发掘简报[J].文物，1976（4）：34-57.
[2]陕西周原考古队.扶风黄堆西周墓地钻探清理简报[J].文物，1986（8）：63，66.
[3]《左传》昭公四年："商纣为黎之搜"。
[4]林沄.夏至战国中国北方长城地带游牧文化带的形成过程（论纲）上、下[M]//牛森.草原文化研究资料选编：第一辑.呼和浩特：内蒙古教育出版社，2005：284-319.
[5]《史记·六国年表》记载孝公十三年（前349）"初为县，有秩史"可证。
[6]《后汉书·西羌传》载"孝公雄强，威服羌戎"，所谓"威服"于此"霸"同。
[7]《史记·六国年表》。此事发生在厉共公六年（前471）。在秦霸西戎的历史上，既有与西戎的战争，也有类似对西戎的军事支援，还有"赂""朝"的记载，都是秦与戎霸臣关系的体现。

图38 平凉市崆峒区出土秦式鼎（平凉博物馆藏）

图39 战国秦长城（定西地区；本照片由段清波提供）

图40 发掘中的马家塬墓地（摄于2012年）

图41 马家塬墓地M16出土金腰带饰（甘肃省博物馆藏）

图42 黄河河套段（准格尔—包头）

同的方式，即一设县，一为"霸"。

春秋中期穆公霸西戎，具有十分重要的历史意义。首先，秦与晋一起，扭转了西周晚期以来中原对于"戎狄"的劣势地位；其次，如上文所述，秦对戎之"霸"，奠定了后世在这些区域设县、道以治的基础；再次，从文化的角度来说，这是秦文化扩张的政治基础，造成了"西戎"文化的衰退；最后，穆公霸"西戎"，可能造成了族群的流动，一些戎人可能远徙，因为"戎狄"本来就具有很强的流动性。

在陇山西侧的西汉水上游、渭水上游的戎人区域，发现有春秋中晚期以来的秦式青铜器，可以说是秦对本地控制加强的体现。在陇山东侧，最北的有平凉市崆峒区所出年代在春秋晚期的青铜簋等物，可见平凉一带已在秦的政治势力之内①，这些器物很可能属于秦势力影响或掌控下的乌氏之戎（图38）。往东的马莲河流域，即义渠戎活动地，春秋晚期—战国时代，所流行的是北方系的器物，鲜有秦式礼器的发现，相反却出现了北方系游牧文化的因素，说明义渠与秦对立性的强烈。按照文献记载，义渠确实是"西戎"之中最强的一支，秦对义渠的完全征服已经到了战国晚期的昭王时代，秦以计谋灭了义渠，在此设立北地郡以治之，并在边界修筑了长城（图39）。

"霸"的手段延续到了战国中期商鞅变法时才得以改变。此时，秦在"西戎"实行郡县制，县一级除了县外，还有道。除了派员管理外，戎人的上层也被利用来控制自身族群，这些上层就是"云梦秦简"中的"臣邦真戎君长"，《史记·秦本纪》称作"戎狄君公"。他们享有特权。例如秦简中有"臣邦人不安其主长而欲去夏者，勿许"的记载，"臣邦"指的是秦境内的少数民族即"戎狄"集团，"主长"即"戎狄"君长，"臣邦人"指的是秦境内的少数民族人士，此处指的是下层人士，"夏"指的是秦境（包括中原诸侯，如魏也可称"夏"）。这条法律产生的时代，由明确的地域、属境观念的存在，可以推知应该是秦有郡县制之后，即战国中晚期—秦代，说明的是秦法对戎人上层特权的保护。戎人君长也可能拥有军队，如嫪毐之乱中，"戎狄君公"就曾经参与，可以想象他们拥有一定的武装。近年马家塬、刘坪、秦安王洼等地"西戎"君长墓地的发现，进一步说明战国时代的戎人地域，就是拥有政治军事特权并可专擅边境贸易的戎人上层的世界（图40、图41）。

秦以郡县制及当地上层对"西戎"的控制，一直延续到了秦亡。从实际效果来看，这些手段是相当成功的，这与后来入秦的山东地区形成了鲜明对比，后者的反秦，是秦亡的重要原因。

另一个区域就是陕北—内蒙古中南部。

本区的南面，还有一支戎人——大荔戎，在战国初年的厉共公时代被秦所灭，可以推知秦在本地的政策，与对陇山东西的戎人没有什么两样。

本区域在春秋时代，一直是白狄的区域，但晋的势力很早就到了这里，后者在文化上对本地的影响也很大，如上文所举的李家崖东周墓地。战国早期，此处为魏的上郡，战国中期的秦惠王时期，魏纳上郡入秦，秦的政治势力到达此地。上郡的北界，已经可以到达鄂尔多斯一带。上郡的郡治在肤施（今榆林），秦相张仪曾将众"筑上郡塞"②，如果考虑此时上郡北侧已经是骑马的游牧族群，那么这个"塞"应指的就是长城，而不是此前流行的位于交通要道上的关塞，位置也当在榆林—鄂尔多斯一带，或许后来的秦昭王长城是沿用了本段长城的。

在秦的势力深入上郡后不久，即公元前4世纪的末期，赵之势力也到达此地。赵从上郡北侧的林胡、楼烦那里夺取土地，设立了云中、九原两郡，并在鄂尔多斯中部直至阴山南侧筑长城以保卫之（图42）。此后大半个世纪，以秦、赵长城为界，秦、赵、匈奴的势力在此形成三足鼎立之势，直到秦始皇三十二年（前215），秦派蒙恬将众北逐匈奴"略取河南地"，次年"自榆中并河以东，属之阴山，以为三十四县，城河上为塞"③后，情况才有所改变。此时秦从匈奴夺取了秦赵长城之外的"河南地"，即河套—鄂尔多斯西部直至宁夏一部，从赵手里夺取了云中、九原。随后又越过这道防线，斥逐匈奴至于阳山以北，筑长城于阳山之上。阳山就是今乌加河以北的狼山，所筑长城就是有名的秦始皇万里长

---

① 平凉市博物馆藏有春秋中晚期的秦式簋、盘等物。
② 《史记·张仪列传》。
③ 《史记·秦始皇本纪》。

图43 秦始皇长城（内蒙古自治区乌拉特中旗）

图44 阴山以北的草原（内蒙古自治区乌拉特中旗）

城的一部分①（图43、图44）。楚汉之际，秦自顾不暇，匈奴才得以"复稍度河南与中国界於故塞"②。这个"故塞"，从新发现的"张家山汉简"来看，指的当是秦昭王长城—九原西南侧赵长城—赵北长城所构成的那道防线，云中、九原两郡仍在秦汉王朝的防线以内③。

秦对陕北—内蒙古中南部的控制在战国中晚期，秦始皇时代则扩展到了阴山一线。从遗物来看，李家崖末段墓葬、广衍附近的秦墓④，以及史家河墓地中的秦文化因素，都是秦拥有本地区的文化证据。而年代更早的李家崖前期墓葬及寨头河、张坪墓地，反映的则是晋-魏势力在此的存在，此三处遗存的主人应是白狄及其后裔。

（三）小结

秦人随商周遗绪，继续了中原王朝对"戎狄"的扩张与政治控制过程，最后建立了集权制国家，把境内的"戎狄"全部纳入了中央王朝的秩序之中。春秋早期秦立国之后，秦对西北地区"西戎"的控制和管理，也经历了阶段性的变化。首先是以军事手段对关中的戎人加以驱逐，然后在位于陇山两侧的邽、冀等戎人地区设置初级形态的县，春秋中期以后则威"霸""西戎"，使之基本臣服，到了战国中期，又设立郡县（道）以管理之，使"西戎"完全纳入秦的行政系统之中。

对于陕北—内蒙古中南部的属于白狄系的人群与"胡"（匈奴），即战国以后广义的"狄"的生活地，秦主要是以武力夺取而来的，并设郡县以管辖之。由于本地与中原联系紧密，华夏化程度较深，并且以中原移民为主，所以道的设置是比较少的。在华夏化的过程中，不能忘记在秦之前晋（魏）的功劳。

从行政制度史来看，从中央的属邦到地方的县、道，秦对境内的少数民族的管理是有效的、成功的，秦对少数民族、族群的管理手段和影响，长久存在于中国历史之中。从文化方面来看，从春秋到秦代，我们会看到一幅中原文化向"戎狄"文化扩张的图景，但这种"扩张"，不仅仅是你死我活，还有融合和新生。从族群建构的角度来看，我们所看到的是"戎狄"不断融入中原族群、"华夏"边缘分段逐次外扩的历史过程，"戎狄"也逐渐变成了"华夏"，也成为后来"汉人"的前身，与中原人群构成了我们共同的祖先。秦对"戎狄"少数族群进行政治、行政控制的正面历史意义，最终也从文化与族群方面表现出来。

四、结语

本文所说的"戎狄"，主要指西方的戎人和北方的白狄，笔者的目的在于从考古学文化的角度，论述西周以来秦与"戎狄"的关系，以及其对秦崛起的影响。本文的论述是宏观和粗略的，只是想重点说明，在秦崛起的过程中，与之互动的北方少数族群逐渐融入"秦人"与秦文化之中，并在秦人的形成与崛起过程中所发挥的作用。西周中晚期以来，北方"戎狄"势力强大，在两周之际曾有不同支系向中原移动；战国中期以后，随着中原王朝的强大，这个移动则向相反的方向进行，与秦比邻的"戎狄"之域，都成了秦的郡县。由于政治的强力作用，最终使北方的农牧交错地带，从人种和文化上都开始了大规模融入中原的过程。

我们应该摒弃从周人开始的对"戎狄"的偏见，客观评价后者的历史地位。他们的生活地和族群源流，与"华夏"的起源和成长都有十分密切的关系，二者水乳交融，不可分割，因此"戎狄"也是我们共同的祖先。秦人与"戎狄"的互动，虽然伴随有刀光和血腥，却是"华夏"与"戎狄"融合的重要环节。我们也应该强调这个过程的正面意义。

（本文照片除注明者外，其余皆由作者拍摄。）

---

① 《史记·蒙恬列传》："秦已并天下，乃使蒙恬将三十万众北逐戎狄，收河南。筑长城，因地形，用制险塞，起临洮，至辽东，延袤万余里。于是渡河，据阳山，逶蛇而北。"
② 《史记·匈奴列传》。
③ 辛德勇.张家山汉简所示汉初西北隅边境走析——附论秦昭襄王长城北端走向与云中九原两郡战略地位[J].历史研究, 2006（1）: 15-34.
④ 崔璿.秦汉广衍故城及其附近的墓葬[J].文物, 1977（5）: 25-38.

后记
Postscript

  为了集中展现早期秦文化的内涵和特点，体现"早期秦文化课题组"十多年的考古和研究成果，秦始皇帝陵博物院策划了"帝国之路·陇东记忆——秦文化与西戎文化考古成果展"，并配合展览出版了同名图录。展览和图录汇集了甘肃省文物考古研究所、甘肃秦文化博物馆、陕西省考古研究院、张家川回族自治县博物馆、甘肃省博物馆等多家文博单位的308件精品文物，利用不同时期的考古遗存和遗物，展现秦与戎在不同历史时期的不同关系，揭示秦人从最初西迁到称霸西戎的发展进程中，在吸收西周文化的基础上不断融合西戎文化因素，进而形成早期秦文化独特魅力的历史过程。展览和图录以秦与戎之间的关系为线索，分为"追根·溯源""西迁·强敌""立国·对峙""称霸·融合"四个部分，充分展现了秦人早期的发展史就是一部与西戎不断斗争和融合的历史。

  "帝国之路·陇东记忆——秦文化与西戎文化考古成果展"是秦始皇帝陵博物院"帝国之路"系列展之一，曹玮院长和侯宁彬院长提出展览创意，在具体实施过程中给予了大力支持，使展览得以成功举办、图录得以顺利出版；张岩副院长、郭向东院长助理给予了最大限度的支持。陈列部副主任彭文作为展览负责人，积极进行沟通、协调，并在专业上进行把关，推动各项工作有条不紊地进行，使得展览顺利开展；张宁通过收集大量文献、考古资料，撰写了陈列内容方案和图录文稿；张升完成了展览的形式设计和制作。秦始皇帝陵博物院藏品管理部郑宁等同事认真筹备展览运输工作，顺利完成了展品点交及协助布展工作。秦始皇帝陵博物院社会教育部张银玲编写了讲解词并培训展览讲解员,为搭建展览与观众之间沟通的桥梁做出了努力。还有我院许多部门的领导和同事都为展览的成功举办尽职尽责、通力合作,保证了展览的质量和进度。

展览是一个复杂的系统工程,涉及的工作非常庞杂,离不开所有同人的努力付出。

本图录的编撰,参考了大量专家、学者的研究成果,同样得到了很多同行的鼎力帮助和支持,在此向诸位先生表示诚挚的感谢。北京大学赵化成教授在该展览的策划、构思、筹展等诸多方面提出了宝贵意见；陕西省考古研究院焦南峰研究员和王志友研究员在展览资料整理阶段给予了许多帮助；秦始皇帝陵博物院考古工作部史党社研究员,对图录内容给予悉心指导,并专门撰写学术论文《秦与"戎狄"的关系》,为本图录增色添彩；陕西省考古研究院张天恩研究员和西北大学梁云教授对图录内容进行了审阅,并提出了宝贵的审稿意见；甘肃省文物考古研究所王辉所长在专业知识上给予了支持和指导；甘肃省文物考古研究所谢焱老师提供了文物信息及大量的图片和视频资料。秦始皇帝陵博物院科研规划部陈昱洁完成了展览和图录的翻译、英文校对工作；美国盖茨堡学院孙岩副教授细心审译了陈列方案和文物说明。西北大学出版社的郭学功、王岚编辑为图录提出很多中肯的修改意见。设计师贺建林、袁樱子以及北京雅昌艺术印刷有限公司,都为图录的最终出版付出了努力。

谨以此书献给为展览、图录工作付出努力的人们!

编者

2015年12月

图书在版编目（CIP）数据

帝国之路·陇东记忆：秦文化与西戎文化考古成果展 / 秦始皇帝陵博物院编. -- 西安：西北大学出版社，2018.11

ISBN 978-7-5604-4279-2

Ⅰ.①帝… Ⅱ.①秦… Ⅲ①文物－考古－西北地区－秦代 Ⅳ.①K872.4

中国版本图书馆CIP数据核字(2018)第272982号

帝国之路·陇东记忆
——秦文化与西戎文化考古成果展

编　者	秦始皇帝陵博物院
主　编	侯宁彬
责任编辑	郭学功　王　岚
装帧设计	贺建林　袁樱子
出版发行	西北大学出版社
地　址	西安市太白北路229号西北大学内
电　话	(029) 88302621　88302590
邮政编码	710069
经　销	全国新华书店
印　刷	北京雅昌艺术印刷有限公司
开　本	965 mm × 635 mm　1/8
印　张	23
字　数	198千字
版　次	2018年11月第1版
印　次	2018年11月第1次印刷
标准书号	ISBN 978-7-5604-4279-2
定　价	398.00元
网　址	http://nwupress.nwu.edu.cn

如有印装质量问题，请与本社联系调换，电话029-88302966。

秦始皇帝陵博物院　西北大学出版社　西北大学出版社
微信公众号　　　　天猫专营店　　　微信公众号